Uruk: histoire et héritage de la première grande ville du monde antique

Par Charles River Editors

Photographie de Marcus Cyron d'une partie de la façade du temple d'Inanna de Kara Indasch à Uruk

Introduction

Photographie datant de 2008 d'une partie d'Uruk

Uruk

« Un fleuve sortait d'Éden pour irriguer le jardin ; puis il se divisait en quatre bras. Le premier s'appelle le Pishon... Le deuxième fleuve s'appelle le Guihon... Et le troisième fleuve s'appelle le Tigre : c'est celui qui va vers l'est de l'Assyrie… Le quatrième fleuve est l'Euphrate. Et le Seigneur prit l'homme et le conduisit dans le jardin d'Éden pour qu'il le travaille et le garde. » - Genèse 2 : 10-15

Au sud de l'Irak, un silence assourdissant règne sur les dunes. Depuis près de 5 000 ans, les sables du désert irakien abritent les vestiges de la plus ancienne civilisation connue : les Sumériens. Lorsque les archéologues américains ont découvert une collection de tablettes cunéiformes en Irak à la fin du XIXe siècle, ils ont été confrontés à une langue et à un peuple qui, à l'époque, étaient à peine connus, même par les plus grands spécialistes de la Mésopotamie antique. Les exploits et les réalisations d'autres peuples mésopotamiens, tels que les Assyriens et les Babyloniens, étaient déjà familiers pour une grande partie de la population grâce à l'Ancien Testament et à la discipline naissante des études sur le Proche-Orient, qui avaient permis de résoudre l'énigme de la langue akkadienne largement utilisée dans les temps antiques à travers toute la région. Mais la découverte des tablettes sumériennes a mis en lumière l'existence de la culture sumérienne, qui était la plus ancienne de toutes les cultures mésopotamiennes.

Bien que les Sumériens occupent toujours la deuxième ou même la troisième place derrière les Babyloniens et les Assyriens, peut-être parce qu'ils n'ont jamais fondé un empire aussi grand que les Assyriens ou établi une ville aussi puissante et stable que Babylone, ce sont eux qui ont offert le modèle civilisationnel qui a été adopté par tous les Mésopotamiens suivants. En effet, on attribue aux Sumériens le mérite d'avoir été les premiers à inventer l'écriture, la bibliothèque, les cités et les écoles en Mésopotamie (Ziskind 1972, 34), et beaucoup affirment qu'ils ont été les premiers à le faire dans le monde entier.

Il est regrettable que les réalisations et les contributions d'un peuple aussi extraordinaire, non seulement à la civilisation mésopotamienne, mais aussi à la civilisation en général, soient méconnues du grand public. Les Sumériens ont peut-être été victimes de leur propre succès ; ils sont entrés progressivement dans l'histoire, ont créé une civilisation raffinée, puis se sont lentement fondus dans le patchwork culturel environnant. Ils n'ont pas non plus connu d'effondrement soudain et brutal semblable à celui d'autres peuples de l'ancien Proche-Orient, comme les Hittites, les Assyriens et les Néo-Babyloniens. Un examen approfondi de la culture et de la chronologie sumérienne révèle que les Sumériens ont donné le ton sur le plan culturel en Mésopotamie pendant plusieurs siècles dans le domaine de la politique/gouvernement, des arts, de la littérature et de la religion. Les Sumériens étaient vraiment un très grand peuple dont l'héritage s'est prolongé bien après leur disparition.

Aujourd'hui encore, le monde doit énormément aux Sumériens. Lorsque l'Europe occidentale était encore à l'âge de pierre, ce sont les Sumériens qui ont inventé l'écriture et la roue, divisé le temps en minutes et secondes, apprivoisé la nature et construit des villes gigantesques. Ils ont embrassé la culture et les arts, et leurs caravanes ont traversé le désert, ouvrant ainsi les premières routes commerciales. Leurs mythes et leurs légendes ont inspiré de nombreux récits originels et leur mémoire est toujours vivante dans l'Ancien Testament. Ils ont écrit l'histoire de la naissance de l'humanité. L'héritage de la civilisation sumérienne et de leurs descendants est présent partout autour de nous.

Aucun site ne représente mieux l'importance des Sumériens que la cité d'Uruk. Entre le quatrième et le troisième millénaire avant notre ère, Uruk était l'une des nombreuses cités-États de la région de Sumer, située à l'extrémité sud du Croissant fertile, entre les deux grands fleuves du Tigre et de l'Euphrate. Découvert à la fin du XIXe siècle par l'archéologue britannique William Loftus, c'est ce site qui a révélé une grande partie des connaissances actuelles sur les Sumériens, Akkadiens et Néo-Sumériens.

Bien qu'Uruk ne soit pas la seule ville que les Sumériens ont construite pendant la période urukéenne, elle était de loin la plus grande, mais aussi la principale source d'éléments archéologiques et de documents écrits relatifs à la culture sumérienne primitive (Kuhrt 2010, 1:23). De première grande cité du monde, Uruk est rapidement devenue le centre politique et culturel le plus important de l'ancien Proche-Orient. Vers 3200 avant notre ère, la culture sumérienne d'Uruk a commencé à s'étendre au-delà des frontières de Sumer, coïncidant avec l'émergence de l'écriture (Kuhrt 2010, 1:23). La forme d'écriture que les Sumériens ont développée est connue sous son nom grec, « cunéiforme », pour les caractères de style cunéiforme qu'elle emploie (van de Mieroop 2007, 28). L'écriture, comme beaucoup d'autres inventions de l'histoire du monde, semble avoir été créée par nécessité ; au fur et à mesure que la culture d'Uruk se développait, les Sumériens ont eu besoin de concevoir une forme sophistiquée de conservation des documents, ce qui ne pouvait se faire que par l'écriture (van de Mieroop 2007, 28). Bien qu'il ait été utilisé exclusivement pour la langue sumérienne au début, le système d'écriture cunéiforme a été adopté plus tard par un certain nombre de langues différentes dans l'ancien Proche-Orient, telles que l'akkadien, le hittite et le persan ancien (Dalby 1986, 475).

L'Origine Sumérienne d'Uruk

Le climat hostile du sud de l'Irak n'a pas changé depuis des milliers d'années et pourtant des hommes et des femmes ont vécu ici autrefois. Entre la Méditerranée et le golfe Persique se trouve la région que l'historien grec Polybe a appelée Mésopotamie, « le pays entre deux fleuves ». Il s'agit de la bande de terre située entre le Tigre, à l'est, et l'Euphrate, à l'ouest.[1]

Le Tigre et l'Euphrate prennent leur source dans les montagnes d'Arménie, alimentés par la fonte des neiges des hauts plateaux. Les rivières dévalent les pentes des montagnes, apportant avec elles des tonnes de limon dans leur course. Dans les temps anciens, le Tigre et l'Euphrate traversaient une grande partie de la Mésopotamie en ne formant qu'un seul fleuve, et se séparaient ensuite en aval de Nippur. Ils couraient en parallèle sur plus de deux mille kilomètres avant de fusionner pour former la voie fluviale de Chott al-Arab. Les deux fleuves deviennent plus calmes à ce niveau, lorsqu'ils traversent les vastes plaines désertiques du sud. Là, ils déposent un terreau fertile sur leurs rives, jusqu'au golfe Persique. De chaque côté du Chott al-Arab, des terres agricoles ont prospéré.[2]

L'eau n'était pas seulement importante pour l'agriculture et la consommation, elle était également indispensable pour assurer un transport rapide à travers la région, facilitant ainsi le commerce et les communications. Le Tigre est un fleuve au débit rapide, qui traverse les hauteurs syriennes avant de se jeter dans plusieurs canaux des plaines mésopotamiennes. Ce fleuve a toujours été très difficile à traverser, et il n'y avait que très peu d'endroits au nord de l'actuelle Mossoul où il était possible de le traverser à gué en toute sécurité. L'Euphrate quant à lui a des rives beaucoup plus basses, et pouvait être utilisé par les bateaux. Les plaines inondables de chaque côté du fleuve étaient propices à l'irrigation.

Dans une région comme la Mésopotamie, qui disposait de terres pour l'agriculture, mais qui manquait cruellement de nombreuses autres ressources vitales telles que le bois, la pierre et les minerais riches en métaux, ces réseaux fluviaux sont devenus le moyen d'échange privilégié entre sphères économiques complémentaires. Mais les cours d'eau pouvaient être aussi de terribles adversaires. Chaque année, les inondations printanières balayaient tout sur leur passage, ce qui a amené beaucoup de personnes à se demander pourquoi des gens voulaient s'installer dans une contrée si exposée aux aléas de la nature.

Toute étude de la Mésopotamie antique doit prendre en compte le fait que les communautés qui y vivaient étaient intimement liées à l'environnement et au territoire auxquels elles appartenaient. Il existe quatre grandes zones écologiques dans l'ancien Proche-Orient.[3] Tout d'abord, il y a les

---

[1] Polybe (2012) *Polybe: Histoires*. Chicago : Université de Chicago

[2] Wilkinson, T. J. (2000) "Regional approaches to Mesopotamian archaeology: the contribution of archaeological surveys." *Journal of Archaeological Research*, 8:3. 219–267. .

[3] Bahrani, Z. (1998) "Conjuring Mesopotamia: Imaginative Geography a World Past." in Meskell, L. Archaeology *under Fire: Nationalism, Politics and Heritage in the Eastern Mediterranean and Middle East.* London:

chaînes de hautes montagnes qui bordent la Mésopotamie antique, comme la très vieille et inquiétante chaîne de montagnes du Zagros. Les plus hautes culminent entre trois et cinq mille mètres au-dessus du niveau de la mer, plusieurs d'entre elles atteignant plus de trois mille mètres d'altitude, la plus haute étant Zard Kuh, qui avoisine les quatre mille cinq cent mètres. La plupart étaient densément boisées à l'époque sumérienne, avec des hivers froids et humides et des étés chauds. Bien que la chaîne de montagnes du Zagros sépare les terres de Mésopotamie de celles situées plus à l'est, ces imposants reliefs ne représentaient pas des frontières strictes, mais plutôt des zones d'intégration et de cloisonnement.[4] À l'extrême nord, à la frontière des chaînes montagneuses de la Cappadoce et du Caucase, se trouve une région bien arrosée et fertile qui était la contrée de l'ancienne Assyrie, dont la capitale était Assur. Et dans la région orientale des montagnes du Zagros se trouve l'antique région d'Élam, dont le territoire est connu aujourd'hui sous le nom de Khouzistan.

Ensuite, il y a une zone de contreforts et de prairies, avec des étés chauds et secs et des hivers tempérés, comme les zones autour de la Méditerranée orientale ; l'Anatolie et la plaine de la Bekaa à l'est du Liban. Le climat et le sol de ces régions ont historiquement permis la culture des céréales, et c'est là que l'irrigation a eu lieu le plus tôt. La troisième est la zone des steppes, avec des hivers doux et secs et des étés chauds et secs. Ces vastes prairies, dépourvues d'arbres, s'étendent à travers l'Eurasie, du plateau anatolien, dans l'actuelle Turquie, jusqu'à l'ouest de la Chine. Un bel exemple de cette écozone se trouve dans la région située à l'ouest de l'Euphrate. Enfin, il y a les zones désertiques, avec des étés très chauds et des hivers doux, que l'on trouve dans toute la Mésopotamie antique. À l'ouest et au sud-ouest de la Mésopotamie, se trouve le grand désert d'Arabie, qui sépare le Croissant fertile de la péninsule arabique.[5]

Sumer est située au centre et au sud de la Mésopotamie, où l'Euphrate et le Tigre se rejoignent. Ici, les basses collines et les plaines fertiles de la Mésopotamie centrale sont prolongées vers le sud par un vaste paysage marécageux, constitué de joncs et d'innombrables cours d'eau et ruisseaux, où l'Euphrate et le Tigre se jettent dans un delta qui s'ouvre sur le Golfe Persique. Seules des barques peuvent atteindre le cœur de ce labyrinthe de hauts roseaux.[6] Voici le pays de Sumer, où se trouvaient les premières cités de Mésopotamie.

Routledge. 159–174

[4] Bahrani, 1998

[5] Bahrani, 1998

[6] Foster, B. R., and Polinger Foster, K. (2009) *Civilizations of Ancient Iraq*. Princeton: Princeton University Press. .

SUMER, AKKAD AND ELAM

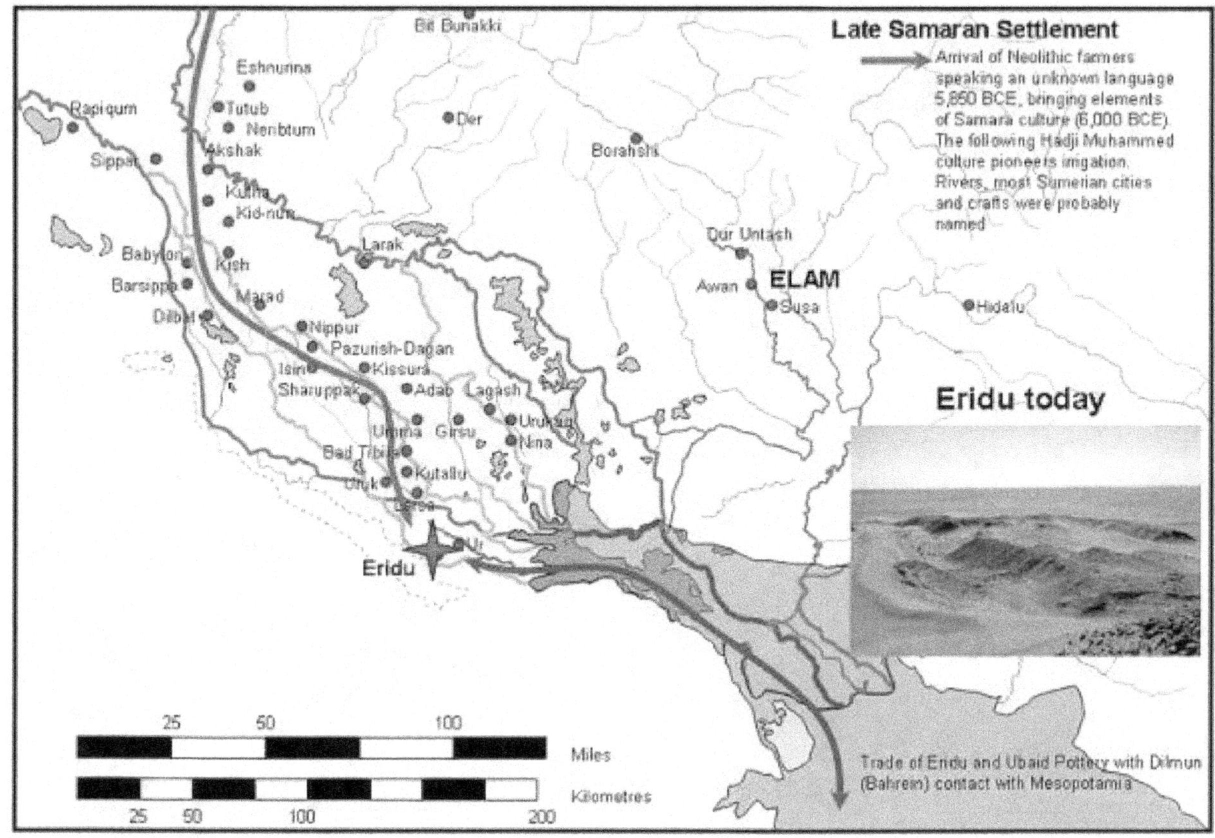

Une carte de la région aux premiers temps de la civilisation sumérienne

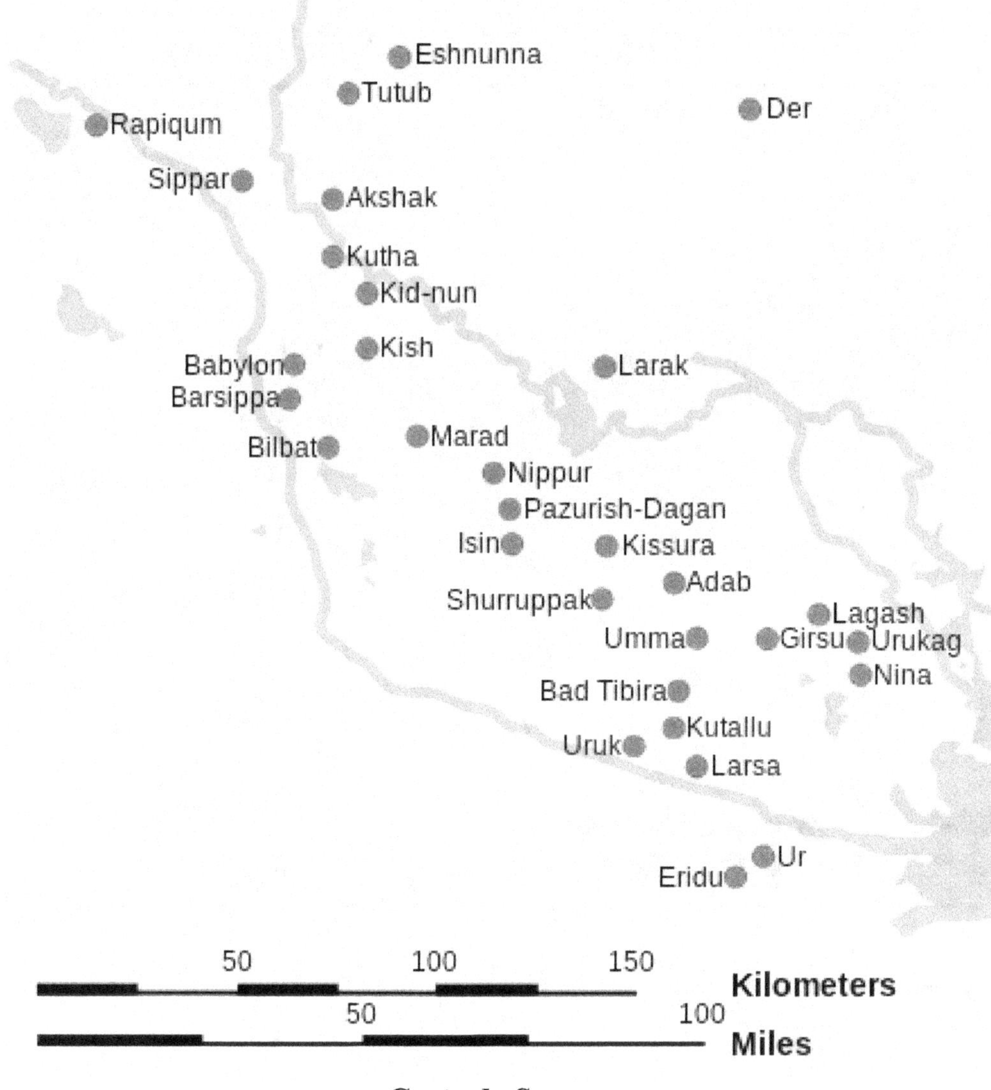

Carte de Sumer

Le climat a été un facteur majeur des grands bouleversements socio-politiques qui ont eu lieu dans la région depuis l'essor jusqu'au déclin d'Uruk. Les écozones variées de la Mésopotamie ont donné lieu à une importante diversité de la flore et de la faune, ce qui a permis le développement de l'agriculture et de l'élevage et de multiplier les ressources pour le commerce. Des archéologues basés en Anatolie ont résolu une partie de l'énigme concernant l'origine des Sumériens et la raison pour laquelle ils ont décidé de s'installer sur les plaines inondables des deux fleuves. Depuis des temps immémoriaux, des populations ont vécu au carrefour de grandes routes migratoires sur les plateaux fertiles d'Anatolie, à plusieurs milliers de kilomètres de la Mésopotamie et beaucoup des fruits et légumes de cette région faisaient l'objet d'un commerce depuis des milliers d'années. En 1958, des archéologues ont découvert les ruines du village de Çayönü, en Turquie, vieilles de neuf mille ans.[7] Trois mille cinq cents ans avant Sumer, des

---

[7] Braidwood, R. J., Çambel, H., Redman, C. L., and Watson, P. J. (1972) "Beginnings of Village-Farming Communities in Southeastern Turkey." *Proceedings of the National Academy of Sciences*, 68:6. 1236 - 1240. .

hommes étaient déjà installés sur cette terre fertile. C'était une société acéramique, mais ils construisaient des bâtiments en Adobe sur des fondations en pierre sèche. Plus important encore, le petit épeautre trouvé dans la colonie, qui aurait poussé à l'état sauvage sur toutes les collines, produisait des graines que la communauté pouvait planter et stocker. Cette céréale constituait l'aliment de base de toute une famille et pouvait être entreposée pendant une longue période, ce qui permit une forte expansion démographique et la fondation de civilisations.[8] C'est ce qui a laissé les gens se fixer à un endroit - réalisant qu'ils avaient un approvisionnement régulier en nourriture, ils y sont restés. On ignore s'il s'agissait d'une « découverte fortuite » ou le résultat d'observations et d'un cumul de connaissances, mais c'est ainsi que l'agriculture est née.[9]

Avec la diffusion de l'agriculture, les gens ont pu conserver de la nourriture pendant des semaines voire des mois au lieu de dépendre de la chasse, tous les deux à trois jours. Grâce à ces progrès agricoles, la population de la Mésopotamie antique s'est multipliée à mesure que les premiers groupes sédentaires ont commencé à coloniser les terres le long des plaines inondables des deux fleuves.

La période d'Obeïd (approximativement 6500 à 3800 avant notre ère) est ainsi nommée d'après le Tell d'Obeïd, au sud de l'Irak, qui est le plus ancien établissement humain des plaines alluviales du sud de la Mésopotamie.[10] Durant cette période, les habitants de la région ont réalisé un grand nombre de progrès technologiques d'une importance vitale, notamment la découverte de la roue et le début de la période chalcolithique (âge du cuivre).[11]

De plus, Obeïd représente la première urbanisation apparue en Mésopotamie. Ces premiers sites urbains ont surtout été trouvés sous la forme de tells. Un « tell » est le nom donné à une cité antique qui a été enfouie au fil du temps et qui, de nos jours, ressemble à un monticule composé de couches superposées de briques de terre. Le tell est presque entièrement artificiel, sa hauteur est le résultat du passage de plusieurs générations sur le site, qui ont construit de nouvelles structures sur celles qui existaient auparavant et ont recommencé lorsque les bâtiments en argile se détérioraient. Il en résulte des sites d'une immense richesse historique, représentés par une stratigraphie complexe qui doit être soigneusement fouillée et analysée par les archéologues pour créer la chronologie des lieux.

Les Sumériens sont devenus le groupe culturel dominant au cours de cette période. Les cultures irriguées leur procuraient un approvisionnement régulier et, en creusant des fossés pour détourner les eaux du Tigre et de l'Euphrate vers les terres arides, ils ont transformé le désert du sud de la Mésopotamie en un delta fertile. Leur population s'est rapidement multipliée, ce qui a entraîné une abondance en nourriture. Sumer était divisé en plusieurs cités-États d'environ deux

---

[8] Hopf, M., and Zohary, D. (2000) *Domestication of Plants in the Old World: The Origin and Spread of Cultivated Plants in West Asia, Europe, and the Nile Valley.* Oxford: Oxford University Press
[9] Hopf and Zohary, 2000. .
[10] Delougaz, P. (1938) "A Short Investigation of the Temple at Al-'Ubaid". *Iraq*, 5. 1 – 11
[11] Bogucki, P. (1990) *The Origins of Human Society.* Malden: Blackwell

cent mille habitants chacune. Chaque cité-État était organisée autour du culte d'une divinité, dont la demeure était le temple.[12] Des ziggourats et d'autres structures monumentales ont été construites sur ces sites, qui étaient protégés par de hautes murailles fortifiées.

Les Sumériens ont inventé un grand nombre de choses, mais aucune n'a été aussi cruciale que la roue, qu'ils ont utilisée pour le transport, l'agriculture et la production de céramiques spécialisées. Ils ont été parmi les premiers à utiliser l'écriture, d'abord à travers des pictogrammes et par la suite avec l'écriture cunéiforme.

L'un des sites les plus importants du sud de la Mésopotamie à cette époque était Ur, une immense ville située près de l'ancien littoral du golfe Persique. Bâtie sur la rive est de l'Euphrate, Ur était entourée de quatre mille hectares de champs de céréales. Plus de quarante mille personnes - principalement des pêcheurs et des agriculteurs - vivaient dans les marécages entourant la ville portuaire d'Ur, et la ville elle-même comptait une population atteignant les trente-quatre mille habitants.[13] La cité était entourée de tous côtés par un canal menant à l'Euphrate, avec des ports à l'ouest et au nord. Comme beaucoup de villes en Mésopotamie, Ur était entourée d'un mur de briques de terre et dominée par le palais et une grande ziggourat consacrée au dieu principal de la cité, Nanna, le dieu de la lune. Faite de briques d'argiles et recouverte de goudron, la ziggourat d'Ur a été construite pour durer. On estime qu'il a fallu cinq ans et mille cinq cents ouvriers pour construire seulement sa base. [14] La haute structure dominait le paysage, et les paysans, jusqu'à vingt kilomètres de distance, pouvaient voir la demeure de leur dieu.[15]

---

[12] Lloyd, S. (1978) *The Archaeology of Mesopotamia: From the Old Stone Age to the Persian Conquest*. London: Thames and Hudson. .
[13] Leick, G. (2001) *Mesopotamia: The invention of the city*. London: Allen Lane
[14] Woolley, C. L. and Moorey, P. R. S. (1982) *Ur of the Chaldees: Revised and Updated Edition of Sir Leonard Woolley's Excavations at Ur*. Cornell: Cornell University Press
[15] Leick, 2001

Photographie des ruines d'Ur par M. Lubinski

En Mésopotamie, région au sein de laquelle se trouvait Ur, la population utilisait le système d'écriture cunéiforme. Malheureusement, comme le cunéiforme était presque toujours gravé sur des tablettes d'argile, beaucoup de ces tablettes se sont brisées ou étaient illisibles, ce qui compliqua le travail des chercheurs.

Le Nord de la Mésopotamie a également développé une culture locale à la fin de la période d'Obeïd, connue sous le nom de culture Gawra, représentée par le site archéologique de Tepe Gawra. Au début du XXe siècle, des archéologues y ont découvert une maison circulaire abritant des greniers à grains et des gourdins en pierre piriformes finement sculptés. Une minuscule tête de loup particulièrement remarquable, fabriquée à base d'électrum (un alliage d'or et d'argent), a également été trouvée sur ce site, ce qui témoigne d'un savoir-faire artisanal bien développé à cette époque.[16] Il existe également des témoignages de l'existence de vastes réseaux commerciaux qui reliaient Tepe Gawra à d'autres cités-États autour de la Mésopotamie et de l'Eurasie, comme les perles de lapis-lazuli qui ont été trouvées sur ce site. En effet, le précieux minerai n'est disponible que dans la province de Badakhchân, au nord de l'Afghanistan, à plus de

---

[16] Rothman, M. S. (2001) *Tepe Gawra: The Evolution of a Small, Prehistoric Center in Northern Iraq.* Pennsylvania: University Museum Publications. . .

deux mille kilomètres de distance.[17]

Récits Originels Contemporains

La chronologie précédente a été révélée par une étude minutieuse menée par des archéologues et des chercheurs sur des vestiges matériels et des documents écrits. En effet, la liste des rois sumériens de cette période offre le cadre nécessaire à l'étude de la chronologie mésopotamienne. Elle énumère les anciens rois de Sumer, la durée de leur règne et le siège de la royauté « officielle ». Mais elle donne également une perspective inestimable quant à la compréhension contemporaine de leur chronologie.[18] Les archives écrites de la Mésopotamie nous offrent aussi un aperçu du regard porté par les contemporains sur leur histoire. Un grand nombre de ces documents ont été retrouvé dans la bibliothèque de Ninive (Irak), et George Smith, un Londonien du XIXe siècle, qui a étudié le sumérien et travaillé au British Museum, a déchiffré de nombreux cylindres et tablettes cunéiformes et a révélé beaucoup de secrets sur les mythes et légendes sumériens.

---

[17] Herrmann, G. (1966) "Lapis Lazuli: The Early Phases of Its Trade." *Oxford University Dissertations*

[18] Young, D. W. (1991) "The Incredible Regnal Spans of Kish I in the Sumerian King List." *Journal of Near Eastern Studies*, 50: 1. 23 – 35

Smith

C'est Smith qui a découvert et traduit pour la première fois *L'Épopée de Gilgamesh*, l'une des plus anciennes œuvres écrites de la littérature. De nombreux aspects de la civilisation eurasienne, et du christianisme en particulier, sont imprégnés des mythes de l'ancien-monde mésopotamien.[19]

Selon les textes cunéiformes, de puissants dieux ont sillonné la terre avant le Déluge. Lassés par leur labeur et fatigués, les dieux ont alors créé les Hommes pour en faire leurs serviteurs et leurs esclaves.[20] Très vite, les dieux se sont unis aux humains et leurs enfants sont devenus des demi-dieux qui ont régné sur le monde durant d'immenses périodes en qualité de dieux-rois. Certains de ces rois, décrits dans la liste des rois sumériens, ont régné ainsi pendant plus de

---

[19] Foster and Polinger, 2009

[20] D'autres légendes contemporaines décrivent une race extrêmement ancienne originaire de la planète Nibiru, connue sous le nom d'Anunnaki (les « Sept juges » ou « Ceux qui sont venus du Ciel à la Terre »). Cette race se serait reproduite avec des singes de la Terre pour créer les humains.

soixante-quatre mille ans.[21]

Après un certain temps, les hommes sont devenus plus nombreux et gênants. Les dieux se sont alors réunis dans leur cité de Shuruppak - un site également connu sous le nom de Tell Fara sur les rives de l'Euphrate - où le dieu suprême Enlil a décidé que l'humanité devait être anéantie par un grand déluge.[22] Un des dieux appelé Enki, désigné aussi sous le nom d'Ea, a imploré Enlil en faveur des humains, mais en vain. Il décida alors de protéger l'humanité en avertissant un homme, Ziusudra, de l'imminente catastrophe. Ziusudra bâtit une arche, remplit ses cales de métaux précieux, de graines de céréales et d'animaux. Il réussit à faire monter sa famille à bord avant que le dieu du tonnerre, Adad, ne provoque le déluge sur la Terre. Durant six jours et six nuits de tempête, le monde a été submergé, puis le septième jour, la tempête s'est calmée.

---

[21] Young, 1991

[22] Ristvet, L. (2014) *Ritual, Performance, and Politics in the Ancient Near East*. Cambridge: Cambridge University Press.

Le fragment de l'épopée décrivant le déluge

Photographie d'Osama Shukir Muhammed Amin d'un autre fragment de tablette de l'épopée.

Après le déluge, les dieux ont réalisé que leur action était irréfléchie, car c'était grâce au travail et au culte que les humains leur rendait qu'ils pouvaient vivre nonchalamment. Le septième jour, Ziusudra lâcha une colombe qui, ne trouvant pas de lieu où se poser, lui revint. Le huitième jour, il libéra un corbeau qui ne revint jamais. Cela signifiait que l'oiseau avait trouvé la terre ferme et que l'humanité était sauvée. Les dieux furent ravis de constater que Ziusudra avait survécu à l'inondation et ils en firent un demi-dieu immortel. Les enfants de Ziusudra revinrent à Sumer et, avec le temps, ils recommencèrent à se reproduire et à se multiplier.[23]

Cependant, peu de choses avaient changé dans les mœurs anarchiques des gens, jusqu'à ce qu'un mythique sage connu sous le nom d'Adapa vienne à Sumer et leur enseigne les arts, les sciences, l'écriture et d'autres aspects de la civilisation. Les humains ont alors appris à construire des villes, des temples et d'autres structures monumentales, à compiler et à appliquer les lois, et à maîtriser les sciences, la géométrie et les mathématiques. C'est à cette époque qu'Eridu, la première ville du dieu Enki, a été fondée sous la direction d'Adapa, qui est devenu le premier prêtre-roi de la cité.[24]

Peu après, Adapa regagna la mer, mais six autres sages comme lui apparurent et vécurent à Eridu, enseignant aux apprentis humains la sagesse et la science qui avaient été perdues dans le déluge.[25] Après Eridu, plusieurs autres cités-États ont été fondées en terre de Sumer, comme Kish, Larsa, Nippur, Sippar, Ur et Uruk.

Les Bases d'Une Cité Primitive

Des études régionales approfondies menées par des archéologues dans les années 1960 ont révélé que la plus grande ville de Mésopotamie, remontant au quatrième et troisième millénaire avant notre ère, était Uruk, sur un site situé à environ 100 kilomètres au nord-ouest d'Ur. Uruk a été occupée pendant plus de cinq mille ans (depuis les débuts de la période d'Obeïd jusqu'au troisième siècle de notre ère), et au troisième millénaire avant J.-C., cette cité s'était étendue sur une superficie d'environ quatre mille hectares.[26]

Les archéologues définissent la « cité » dans le contexte de la Mésopotamie antique comme un espace urbanisé. En comparant avec les États modernes, on peut dire qu'une ancienne ville prospère mésopotamienne présentait les caractéristiques suivantes[27] : elle montre l'existence d'une société stratifiée et hiérarchisée, avec une autorité centrale qui dépend à la fois de l'accumulation de ressources par sa population et de l'élimination de ses rivaux. Un vaste arrière-pays est nécessaire pour approvisionner la population urbaine en nourriture et des circuits commerciaux sont mis en place pour se procurer les ressources non disponibles localement. On y trouve des traces de savoir-faire spécialisé, et souvent standardisé, ainsi que des témoignages monumentaux de planification centralisée et de travaux collectifs (consentis). L'antique et magnifique cité d'Uruk présente toutes ces caractéristiques.

Comme d'autres cités-États mésopotamiennes, Uruk était composée de la ville en elle-même et d'un vaste arrière-pays qui l'entourait de tous côtés. Celui-ci comprenait les terres arables desservies par des canaux et des systèmes d'irrigation, ainsi qu'un certain nombre de villes satellites et de petites agglomérations. La vie dans la région dépendait de l'agriculture irriguée.

---

[23] Ristvet, 2014
[24] Young, 1991
[25] Green, M. W. (1975) *Eridu in Sumerian Literature*. Chicago: University of Chicago
[26] Rothman, M. S. (2001b) *Uruk, Mesopotamia & Its Neighbors*. Santa Fe: School of American Research Press. .
[27] Leick, 2001

Contrairement aux zones où les cultures pouvaient croître sans assistance, à Uruk, avec moins de trois cents millimètres de précipitations annuelles en moyenne, l'agriculture ne pouvait être pratiquée qu'en gérant soigneusement l'irrigation des terres selon une méthode connue sous le nom de « sharouf », qui est encore utilisée aujourd'hui. Le Tigre et l'Euphrate étaient tous deux sujets à de violentes et imprévisibles inondations qui débordaient leurs rives. Le cycle des inondations et des pluies, les plantations et les récoltes offraient alors le cadre qui régissait la vie d'un agriculteur à Uruk.

L'émergence de la construction de monuments cérémoniels dans le sud de la Mésopotamie est considérée comme l'impulsion qui a déclenché le développement urbain (Kuhrt 2010, 1:25). On pense que les temples étaient la demeure de la divinité protectrice de la ville, si bien que les offrandes étaient souvent reçues et distribuées dans le complexe du temple (van de Mieroop 2007, 24). Vers la fin de la période d'Uruk, les temples étaient de loin les plus grands édifices de toute la cité et étaient construits à grands frais en termes de matériaux et de main-d'œuvre (van de Mieroop 2007, 24). À mesure que la taille et l'importance des temples ont augmenté à Sumer, pendant la période d'Uruk, les techniques de construction et l'architecture ont également évolué en parallèle.

Les Sumériens ont développé un modèle architectural de référence pour les temples mésopotamiens au cours de la période d'Obeïd et les groupes ethniques ultérieurs ont continué à suivre ce modèle tout au long de la période hellénistique. Les Sumériens ont mis au point une technique architecturale qui a été utilisée à toutes les périodes successives de l'histoire mésopotamienne : les contreforts et les murs encastrés (Frankfort 1996, 18). L'évolution de l'ensemble des temples mésopotamiens s'est ensuite orientée vers son expression finale, la ziggourat. À partir de la période d'Uruk, le complexe du temple a commencé à inclure une tour sur une plate-forme, appelée ziggourat (Francfort 1996, 20). Le « temple blanc » d'Uruk avait une ziggourat « archaïque » qui s'élevait à environ quinze mètres au-dessus du sol, ce qui suffisait largement pour dominer tout le paysage sans relief sur des kilomètres à la ronde (Frankfort 1996, 20). Pour les Sumériens, la ziggourat symbolisait une montagne au sommet de laquelle se trouvait la demeure de la divinité à qui le temple était dédié (Frankfort 1996, 21). Au cours des périodes plus tardives de l'histoire mésopotamienne, les noms des ziggourats ont commencé à être consignés par écrit, ce qui indique l'importance religieuse de ces constructions. Par exemple, la ziggourat du dieu Enlil était connue sous le nom de « Maison de la Montagne, Montagne de la Tempête, et Pont entre le Ciel et la Terre » (Frankfort 1996, 22). Les matériaux nécessaires à la construction de ces grandes structures ont dû être importés de très loin à Uruk, ce qui indique que la ville sumérienne primitive n'était pas seulement un pôle culturel important, mais aussi un centre politique.

Aujourd'hui, les spécialistes appellent souvent la période tardive d'Uruk « l'expansion d'Uruk », car c'était une phase où la cité exerçait une immense influence non seulement sur la Mésopotamie, mais aussi sur toutes les régions limitrophes de l'ancien Proche-Orient. En fait, on peut affirmer que les Sumériens de la période tardive d'Uruk ont créé le premier empire au monde. L'expansion de l'influence d'Uruk était directement liée à son besoin de ressources introuvables au sud de la Mésopotamie. Les Sumériens ont donc monopolisé les réseaux commerciaux qui apportaient à Sumer des marchandises telles que la pierre, le bois et le lapis-lazuli. Bien que les Sumériens aient été alphabétisés dès la fin de la période d'Uruk, les documents sont encore peu nombreux et les meilleures informations archéologiques sur le processus d'expansion proviennent en fait de régions périphériques - comme l'ouest de l'Iran, le nord de la Syrie et le sud de la Turquie - qui ont subi l'influence d'Uruk (van de Mieroop 2007, 35).

En construisant des villes comme Uruk, les Mésopotamiens ont façonné le monde à leur propre image. Cette relation se retrouve dans un vase en albâtre de plus d'un mètre de haut, découvert à Uruk lors de fouilles en 1933. Connu aujourd'hui sous le nom de « vase de Warka », les bas-reliefs qui l'ornent représentent la reconnaissance des Sumériens envers la nature. Les céréales et les animaux sont représentés sous forme d'épis de blé et de troupeaux de moutons.[28] De plus, la représentation d'une procession d'hommes apportant des offrandes à l'approche du sanctuaire d'Inanna, la déesse du ciel et de la terre, exprime également leur ferveur religieuse.

---

[28] Ristvet, 2014

Photographie d'Einsamer Schütze d'une réplique du vase de Warka

Les fidèles de la procession du Vase de Warka sont accueillis par le grand prêtre en robe, signe de la stratification sociale qui régnait dans la cité.[29] La société mésopotamienne était fortement hiérarchisée. Au sommet, se trouvait le prêtre-roi, qui revendiquait l'autorité divine sur ses sujets. Une élite existait autour de lui, composée de nobles, de prêtres, de scribes, de fonctionnaires et de guerriers. Il y avait sans doute un large éventail de marchands, de commerçants et d'artisans dans la ville. Le reste de la population, et de loin la majorité, était constituée de serfs et d'esclaves, chargés de tous les travaux pénibles.[30]

Ce vase est la plus ancienne représentation d'une telle scène dans l'art mésopotamien, et il a influencé des scènes similaires qui étaient souvent représentées sur les reliefs des palais royaux tout au long de la période néo-assyrienne. Un autre style qui semble avoir été développé pour la première fois par les Sumériens pendant la période d'Uruk, et qui a été reproduit des siècles plus tard par les Assyriens, est le thème de la chasse au lion royale (Kuhrt 2010 : 1:23). Sur une stèle spéciale, qui se trouvait au Musée national de Bagdad, un chasseur vêtu d'un vêtement, peut-être royal, chasse les lions avec un arc (Frankfort 1996, 33). Il se peut que la scène de chasse au lion d'Uruk soit la commémoration d'un projet de mise en valeur de marais (Frankfort 1996, 34), mais le relief très endommagé n'est pas accompagné de texte, si bien qu'il n'est pas évident de savoir si la scène était destinée à représenter un événement précis ou si elle s'inscrivait dans un contexte religieux ou rituel, ce qui signifierait que cette scène aurait une signification plus symbolique ou métaphorique. Quel que soit le but recherché, il est difficile d'ignorer une possible influence sumérienne sur les nombreuses scènes de chasse au lion dont le roi assyrien Ashurbanipal (668-627 avant J.-C.) a orné son palais près de deux mille cinq cents ans plus tard (Curtis et Reade 1995, 84-89).

Vue d'Ensemble d'Uruk

Uruk s'est développée en plusieurs étapes au fil du temps et la configuration de la ville était très différente au quatrième millénaire en comparaison avec son aspect sous la domination akkadienne et babylonienne. Pour avoir une idée générale de la configuration de la cité, on peut la décrire comme un immense paysage urbain, entouré de quatre mille hectares de champs de céréales, bâtie sur la rive sud-ouest de l'Euphrate. Typique de nombreuses villes de Mésopotamie, Uruk était entourée d'un mur en Adobe, qui aurait été construit sous Gilgamesh, le légendaire roi d'Uruk. La zone qu'il délimitait aurait abrité une population de cinquante à quatre-vingts mille habitants.

Derrière la haute muraille de la ville, se trouvait un dédale de ruelles étroites et sinueuses et de maisons à patio, réparties au hasard selon les classes sociales et les professions. Les bâtiments de trois étages rivalisaient avec ceux d'un seul étage pour trouver de l'espace. Aucune des maisons n'était alignée selon un plan horizontal autre que celui fourni par l'incroyable réseau de canaux qui traversaient le paysage et amenaient l'eau fraîche de l'Euphrate. La plupart des serfs et des

---

[29] Ristvet, 2014
[30] Crawford, H. E. W. (2004) *Sumer and the Sumerians*. Cambridge: Cambridge University Press

esclaves de la cité vivaient dans ce vaste labyrinthe de bâtiments, dont les façades n'avaient pas d'autres ouvertures que des portes basses et quelques bouches d'aération. Avec les fréquentes tempêtes de poussière de la région, les grandes fenêtres étaient peu pratiques, et les gens dormaient souvent sur leur toit, qui était beaucoup plus frais la nuit que les petites pièces de leur maison.

Dès les premiers temps, la vie quotidienne à Uruk était centrée sur les temples des quartiers d'Eanna et d'Anu, où les gens priaient et pratiquaient leur culte. C'est là également que les décisions politiques et économiques étaient prises par l'élite et la bureaucratie de la cité. On pense qu'Uruk s'est formé à l'origine par la fusion de deux petites colonies, dont les noyaux sont devenus les deux temples de la ville. Ces deux temples contenaient le mobilier standard d'un temple sumérien, à savoir une table d'offrandes et un autel pour la divinité.[31] Dans la zone du temple, se trouvaient aussi les quartiers des scribes et des prêtres de la ville.

Photographie de Carmen Ansinsio des ruines du Temple d'Inanna

L'un des plus beaux paysages monumentaux de la ville se trouvait dans le quartier d'Eanna. Ce vaste complexe était composé d'un grand nombre de constructions, de grands édifices avec des cours munies de colonnades, de divers temples en calcaire précieux consacrés à Inanna, déesse de la fertilité, et de diverses installations décorées de mosaïques de Riemchen, de cônes en briques à section carrée avec des sommets colorés dans un style bigarré qui devint caractéristique

---

[31] Ristvet, 2014

de la culture d'Uruk.

L'autre grand centre religieux de la vieille cité était le quartier d'Anu, qui abritait le temple d'An, le dieu du ciel. Le complexe était dominé par la ziggourat, à laquelle on accédait par un escalier de procession monumental menant à l'autel central. Près de l'autel se trouvait le « temple blanc », une structure bien préservée (ce qui est rare dans la région) avec un hall central orienté selon les points cardinaux et un autel en gradins. Ce temple blanc étincelant avait des murs blanchis à la chaux qui devaient briller de mille feux sous le soleil irakien. Atteignant une hauteur de treize mètres, la taille et la complexité de son architecture témoignent du fait que ce bâtiment a été construit dans l'intention d'impressionner la population de la ville et de l'arrière-pays, pour mieux rappeler la richesse et la puissance de ceux qui l'avaient commandé.[32]

Toutes les constructions de la ville étaient pratiquement entièrement faites de briques en terre, un matériau qui se dégrade rapidement, de sorte que les vieilles structures de chaque génération précédente étaient détruites et remplacées par de nouveaux bâtiments. Les déchets étaient soit brûlés, soit simplement laissés sur la route à l'extérieur des maisons. Au fil du temps, les couches successives de détritus et d'anciennes infrastructures ont fait que l'ensemble du site urbain s'est élevé au-dessus des plaines.[33]

Les quartiers des temples monumentaux ont connu la même tendance à raser ce qui existait avant et à reconstruire quelque chose de nouveau. Ces destructions et restaurations successives sont rentrées dans la culture locale de l'élite, et les générations futures étaient encouragées, par le biais des inscriptions des fondations, à restaurer les noms gravés, les stèles et les écritures en argile.

Religion et Pouvoir

La sensibilité religieuse des Sumériens n'est pas facile à appréhender. Les archéologues ont découvert des temples, des textes riches en mythes et des bas-reliefs représentant des rituels, mais les sentiments spirituels profonds et les aspects cosmologiques ne sont pas encore bien compris à ce jour. Il existe un fort pouvoir divin, et il est clair que les Sumériens croyaient qu'il existait des forces surnaturelles que les Hommes devaient servir, et avec lesquelles ils devaient composer. Leur religion était basée sur la servitude et la prière, et grâce à cela, ils pensaient s'assurer une vie harmonieuse dans cet environnement hostile.[34]

Les dieux leur inculquaient la peur et le respect, symbolisant ainsi la méfiance des Sumériens envers la nature. Comme rien ne se passait, en Mésopotamie antique, sans le consentement ou l'intervention des dieux, le déclin de l'empire devait signifier que les Sumériens avaient contrarié

---

[32] Rothman, 2001

[33] Castel, C. and Peltenburg, E. (2006) Urbanism on the margins: third millennium BC Al-Rawda in the arid zone of Syria. *Antiquity,* 81. 601 - 616

[34] Ristvet, 2014

les dieux. Des centaines de divinités étaient vénérées à Uruk et dans toute la Mésopotamie, et il semblait y avoir une tolérance religieuse considérable, car ces groupes se partageaient et mêlaient leurs panthéons. Le prestige des dieux dépendait de la fortune de la cité d'origine, chaque divinité du panthéon mésopotamien jouait un rôle, et régnait sur une ville. Enlil, dieu de l'air et de la terre, dominait la ville de Nippur. Udu, dieu de la justice et de la vérité, était vénéré à Larsa. Enki, dieu de l'eau et du monde, était adoré à Eridu. Nanna, le dieu de la lune, était la divinité protectrice d'Ur. Le nom de chaque ville était dérivé du nom du dieu en sumérien classique : « Urim ». D'autres divinités étaient vénérées dans de petits temples autour de la ville.[35] Inanna, appelée Ishtar, déesse de la fertilité, chez les Babyloniens, Aphrodite chez les Grecs et Vénus chez les Romains, était idolâtrée à Uruk. On pense qu'elle a inspiré l'amour et la guerre.

Les souverains se considéraient comme les représentants des dieux. Leur rôle consistait notamment à organiser des cérémonies pour éloigner le mal et gagner les faveurs de leurs divinités. Ces rituels avaient lieu dans des temples, des bosquets sacrés et des collines, autant de lieux significatifs de la nature. Les sacrifices faisaient souvent partie intégrante de ces rites, au même titre que les libations (bière, eau, vin et huile), collectées par une administration publique spécialement chargée de cette tâche.

Une classe de fonctionnaires religieux contrôlait la vie politique et économique d'Uruk au nom de ces dieux-rois. Les scribes ont consigné par écrit les espoirs des Sumériens, et leurs textes ont subsisté dans les archives de la ville. En contrepartie de leur vertu, de leur dévotion et de leur respect pour l'ordre établi, les habitants d'Uruk espéraient la vie éternelle dans l'autre monde.

L'entretien des temples et l'organisation des cérémonies demandaient la mobilisation d'un grand nombre de prêtres et de personnel. Chaque jour, les gens apportaient des offrandes en nourriture céleste aux dieux (qui allaient par la suite aux prêtres et au personnel du temple). Les archives décrivent le repas quotidien des quatre dieux principaux, à savoir : deux cent cinquante pains, mille gâteaux, cinquante moutons, huit agneaux, deux bœufs et un veau.[36] C'est grâce à cette bureaucratie complexe et centralisée qu'un nombre important de personnes ont pu être rassemblées pour travailler sur les grands chantiers de la ville. Les prêtres et les scribes étaient chargés d'organiser les travaux d'ingénierie qui nécessitaient des milliers d'ouvriers. Ces travaux s'étendaient au-delà des murs de la ville, dans la construction et l'entretien des canaux d'irrigation, dont dépendait l'existence de toute la population.

Les Innovations d'Uruk

Dans la Mésopotamie antique, l'équilibre entre l'homme et la nature pouvait facilement basculer au détriment du premier. Le secret de la réussite des Sumériens reposait sur leur capacité à apprivoiser les sources d'eau capricieuses de leur territoire. Pour prendre le contrôle sur les eaux, ils ont inventé la roue, creusé plusieurs centaines de kilomètres de canaux, de

---

[35] Ristvet, 2014
[36] Ristvet, 2014

réservoirs et de barrages pour irriguer, et ont ainsi réussi à maîtriser et à exploiter les eaux turbulentes du Tigre et de l'Euphrate pour assurer leurs besoins.

Alors qu'ils commençaient à peine à maîtriser leurs nouvelles découvertes, ces premiers agriculteurs ont encore inventé de nombreux outils. Les céréales étaient la richesse principale, toutes classes sociales confondues de la ville, et leur préoccupation majeure était de trouver des moyens pour augmenter la production agricole. Des tablettes d'argile, trouvées par les archéologues, décrivent un dispositif astucieux utilisé pour rendre les semailles plus économiques. Les graines étaient déposées par un entonnoir qui assurait une distribution régulière et uniforme dans les sillons. Les Sumériens avaient des récoltes abondantes et Uruk était entourée de centaines de milliers d'hectares de terres fertiles. Dans certaines régions, le blé, le millet et l'orge pouvaient être récoltés deux fois par an.[37]

En examinant la pratique sociale de consommation d'alcool, qui a augmenté en Mésopotamie au cours des quatrième et troisième millénaires, et en étudiant le lien entre les ustensiles utilisés pour boire et le comportement social, les historiens ont pu mettre en évidence un processus de stratification social évolutif. L'alcool était très utile pour convertir les excédents agricoles en prestige et en pouvoir politique, créant ainsi un produit socialement valorisé et exploité par l'élite bureaucratique émergente.

L'évolution mésopotamienne de toute une série d'institutions économiques, rivales ou complémentaires, en milieu urbain, a créé une stratification sociale reconnue entre les différents milieux dans lesquels la consommation d'alcool avait une place importante.[38] Chacun de ces milieux avait sa propre étiquette et utilisait des récipients spécifiques, comme les coupes à pied façonnées au tour découvertes à Arslantepe[39] pour la consommation et de grands récipients de stockage munis de pailles retrouvés dans les tombeaux appartenant à l'élite du sud de la Mésopotamie.[40] L'alcool était très utilisé par la bureaucratie montante de la société complexe d'Uruk. Les élites rivales pouvaient se servir de la consommation ostentatoire d'alcool pour s'assurer une image de fournisseur, attirer des fidèles, récompenser les réussites, renforcer la loyauté et soutenir les nouveaux producteurs.[41] La spécialisation dans la production de boissons alcoolisées se manifeste dans la variété des tailles de récipients, des types de bières et des pièces en céramique utilisées pour la distillation, ainsi que dans les sites de production à grande échelle, tels que ceux d'Abu Salabikh et de Khafaje.[42] Dans l'enclave de Godin Tepe sur les hauteurs d'Uruk, les archéologues ont découvert, au centre du complexe, des produits à base de vin et de bière, qui étaient transformés et distribués avec d'autres denrées alimentaires par une

---

[37] Crawford, 2004

[38] Douglas, M. (1987) *Constructive drinking: perspectives on drink from anthropology*. Cambridge: Cambridge University Press

[39] Frangipane, M. (1997)"A 4th-millenium temple/palace complex at Arslantepe-Malatya. North-South relations and the formation of early state societies in the Northern regions of Greater Mesopotamia." *Paléorient,* 23:1. 45-73

[40] Joffe, A.H. (1998) "Alcohol and social complexity in ancient Western Asia." *Current Anthropology* 39:3. 297-322

[41] Joffe, 1998

[42] Crawford, H. (1981) "Some fire installations from Abu Salabikh, Iraq." *Paléorient* 7:2. 105-144

bureaucratie officielle.[43]

Les Sumériens ont également adopté des unités normalisées de mesures en longueur, en superficie et en quantité.[44] Ils disposaient d'unités distinctes pour quantifier l'orge, le malt, le blé, la bière, le lait, les poissons, les animaux morts ou vivants, et même les esclaves. L'unité standard était le *sila*, qui correspondait au volume d'un bol à bord biseauté. Le poids se mesurait en *shekels*, qui correspondait à peu près au poids d'une livre actuelle, soit environ un demi-kilo. Les pièces de monnaie n'étaient pas utilisées en Mésopotamie, bien que l'existence de poids normalisés pour l'argent ait servi pour en déterminer la valeur et atteste de son utilisation comme moyen d'échange.[45]

En étudiant la catégorie des bols à bord biseauté, il est possible de comprendre comment la fabrication, la distribution et l'utilisation de ces récipients contribuaient à la vie quotidienne à Uruk. Ces récipients standardisés étaient produits en masse grâce à l'utilisation de moules en bois, placés à même le sol ou sur pied.[46] Les artisans qualifiés pouvaient fabriquer ces bols en moins d'une minute et, vu leur simplicité, ils pouvaient être fabriqués par des ouvriers sans expérience dans le domaine de la céramique et sans autre outil qu'un bol à bord biseauté comme modèle.[47] Ils étaient cuits dans des fours sur des sites « d'activité » spécialisés, tels que ceux trouvés à Ur et Uruk.[48] Leur fonction précise a été vivement débattue par les chercheurs, qui se sont demandé s'ils étaient utilisés comme récipients jetables pour la distribution de rations de céréales brutes,[49] ou comme une forme de recensement pour la distribution et la disponibilité de la main-d'œuvre,[50] ou comme récipients pour les offrandes votives. Quoi qu'il en soit, on retrouvait les bols à bords biseautés dans les sphères administratives, religieuses et domestiques d'Uruk, en complément des zones de stockage de la nourriture. On peut en déduire qu'ils étaient utilisés par les fonctionnaires pour mesurer des denrées alimentaires sur un site de distribution centralisé, sous une forme standardisée et durable, de manière à conserver l'influence de cette administration en pleine expansion. C'était un ensemble complexe, un modèle de pratique alimentaire qui devint partie intégrante de leur identité culturelle, un concept si simple qu'il pouvait se répandre largement avec le déplacement d'un seul navire.[51]

---

[43] Joffe, 1998

[44] Powell, M. A. (1995) "Metrology and Mathematics in Ancient Mesopotamia". In Sasson, J. M. (ed.) *Civilizations of the Ancient Near East.* New York: Charles Scribner's Sons.

[45] Powell, 1995

[46] Goulder, G. (2010) "Administrators' bread: an experiment-based re-assessment of the functional and cultural role of the Uruk bevel-rim bowl." *Antiquity* 84. 351-362

[47] Goulder, 2010

[48] Postgate, J.N. (2002) *Artefacts of Complexity: Tracking the Uruk in the Near East.* Warminster, British School of Archaeology in Iraq

[49] Chazan, M., and Lehner, M. (1990) "An Ancient Analogy: Pot Baked Bread in Ancient Egypt and Mesopotamia." *Paléorient* 16:2. 21-35

[50] Pollock, S. (1992) "Bureaucrats and Managers, Peasants and Pastoralists, Imperialists and Traders: Research on the Uruk and Jemdet Nasr Periods in Mesopotamia." *Journal of World Prehistory* 6:3. 297-336

[51] Goulder, 2010

Photographie de Jon Onomac d'un abreuvoir découvert à Uruk

Certaines découvertes de la civilisation sumérienne sont encore utilisées par les Irakiens aujourd'hui. Par exemple, le bitume est utilisé pour imperméabiliser les coques des bateaux et pour étanchéifier les toits des maisons. Il y avait des pots en terre cuite disposés au coin des rues pour boire de l'eau potable et par temps chaud l'eau s'évaporait à la surface du récipient, ce qui la maintenait fraîche. Une invention sumérienne qui est toujours en usage cinq mille ans plus tard à Bagdad.

L'Écriture Cunéiforme

On ignore si les Sumériens ont été les premiers à développer l'écriture, mais leur système graphique est le plus ancien connu de Mésopotamie, et leur langue n'a aucune ressemblance avec une autre. La complexité de cette société se retrouve aussi dans la grande majorité des textes cunéiformes mésopotamiens et des sceaux iconographiques utilisés pour enregistrer les transactions telles que la distribution des rations, la collecte des importations et la réception des marchandises.

Avec le développement du commerce, les Sumériens ont inventé le concept du « contrat ». En Mésopotamie antique, celui-ci se présentait sous forme de sceau-cylindre en pierre, finement sculpté de bas-reliefs creux. Lorsqu'un contrat était conclu, ou que les marchandises devaient être identifiées, le cylindre était roulé dans l'argile, la marque ainsi imprimée scellait la transaction. Ces sceaux étaient également utilisés par les prêtres et les nobles de la cité pour toutes sortes de documents, des lettres importantes aux décrets juridiques.[52] L'acte de sceller signifiait que la

---

[52] Collon, D. (2005) *First Impressions, Cylinder Seals in the Ancient Near East*, London: British Museum Press

transaction était autorisée par un fonctionnaire agréé qui réglementait les lieux de production, d'assemblage et de distribution des marchandises telles que les denrées alimentaires et les boissons. Ainsi, la découverte de scellés brisés et abandonnés indique la localisation de lieux de stockage et de distribution des produits alimentaires, tandis que la présence de bulles-enveloppes inachevées ou complètes témoigne d'un lieu de préparation de marchandises destinées à être expédiées.[53]

---

[53] Pollock, 1992

Sceaux-cylindres découverts à Uruk

Le second système était le recours à l'écriture cunéiforme, un alphabet en forme de coin réalisé en enfonçant un bâton dans de l'argile tendre. On ignore si les tablettes d'argile étaient parfois laissées humides, mais celles qui ont traversé les milliers d'années jusqu'à nous étaient soit cuites dans un four, soit séchées à l'air libre ou durcies par le feu après l'invasion et l'incendie des cités. La plus ancienne écriture cunéiforme découverte a été trouvée dans le quartier d'Eanna. De nombreux autres textes cunéiformes ont été retrouvés éparpillés dans les ruines, sur des artefacts ou imprimés le long des murs des bâtisses.

C'est également grâce à cela que les Sumériens ont commencé à faire des lois. Très peu de textes juridiques de la période sumérienne ont été récupérés, mais au début du XXe siècle, dans la ville perse de Suse (située dans l'actuel Iran), des archéologues ont découvert la pierre d'Hammourabi, roi de Babylone. Cette dalle en pierre gravée avait été prise comme trophée par les Élamites, qui ont fait de nombreuses conquêtes en Mésopotamie tout au long du XIIe siècle avant notre ère. Hammurabi a fait rédiger le code juridique qui porte son nom en 1694 avant J.-C. Ce code consacrait l'ensemble des lois de Sumer, avec deux cent quatre-vingt-deux articles gravés dans la pierre.[54] Ils touchent principalement à des aspects de la vie quotidienne dans des villes comme Uruk : transactions commerciales, mariages et héritages. Le roi était le juge. Il ordonnait les enquêtes, supervisait les grands travaux publics et protégeait la population contre les abus des autorités locales. Les lois d'Hammourabi montrent que les Sumériens ont été des précurseurs dans de nombreux domaines du droit existant depuis des millénaires. Par exemple, au dos de la pierre, un article avertit « œil pour œil », un principe repris plus tard dans le code d'Hammourabi et la loi de Moïse.[55]

Les Routes Commerciales

Les orfèvres d'Uruk maîtrisaient les techniques de ciselage et de soudure de l'or, qui étaient également utilisées pour les coupes et les armes rituelles. En provenance de l'Est, le lapis-lazuli et d'autres matériaux précieux, comme la turquoise, étaient aussi travaillés. La nacre et les coquillages arrivaient du Bahreïn. L'utilisation de ces matériaux bruts montre combien Uruk était prospère et impliquée dans un réseau commercial florissant avec les régions voisines, d'autant plus que la Mésopotamie elle-même ne disposait pas de ressources importantes, hormis l'eau, la boue, des dépôts de bitume épars et de petites mines de cuivre le long de ses hautes terres à l'est et au nord, ce qui a favorisé les échanges interrégionaux. Uruk manquait particulièrement de trois ressources importantes : les métaux précieux, la pierre et le bois.

Pour aménager leur jardin d'Eden en Mésopotamie, les Sumériens ont parcouru le monde à la recherche des matières premières qui leur faisaient défaut, et les archéologues ont réussi à retracer l'origine de certains de ces matériaux. Pour se procurer du lapis-lazuli, les Sumériens ont envoyé leurs caravanes marchandes à trois mille kilomètres de distance dans les montagnes du Badakhshan, dans ce qui est aujourd'hui le nord du Pakistan et le sud de l'Afghanistan. Les archéologues ont établi que ce commerce du lapis-lazuli - qui a duré des millénaires - a commencé avec la civilisation sumérienne, ouvrant des routes commerciales à travers l'Eurasie, plus de trois mille ans avant la Grande Route de la Soie.[56]

Le manque de bois dans le désert mésopotamien était un problème majeur pour les habitants d'Uruk. Pour se procurer cette denrée rare, utilisée presque exclusivement comme matériau de construction et pour créer des objets précieux occasionnellement, les Sumériens se sont aventurés jusqu'en Syrie, en Anatolie et dans les montagnes du Liban pour des expéditions de

---

[54] Roth, M. T. (1997) *Law Collections from Mesopotamia and Asia Minor.* Atlanta: Scholars Press
[55] Roth, 1997
[56] Herrmann, 1966

plusieurs mois. Les bas-reliefs trouvés dans le sud de la Mésopotamie montrent des bûcherons sumériens coupant des cèdres et les chargeant sur des bateaux avant de redescendre l'Euphrate.[57] Aujourd'hui, les forêts de cèdres sont peu nombreuses dans la région, car après les Sumériens, toutes les anciennes civilisations ont utilisé le cèdre, abattant progressivement la quasi-totalité des forêts durant l'Antiquité.

Le bitume provenait de sites comme Hit, une petite ville sur les rives de l'Euphrate, à près de cinq cents kilomètres au nord d'Uruk. Le goudron et le soufre y jaillissaient de la terre, et les archéologues pensent que les Sumériens les récoltaient sur les rives de l'Euphrate.[58] Les habitants de Hit, en Irak, collectent toujours le goudron selon des méthodes inchangées depuis des milliers d'années. Avant de retirer le goudron de l'eau, ils s'enduisent les mains de sable afin de pouvoir manipuler le produit très chaud.[59] Les Sumériens utilisaient le bitume pour imperméabiliser leurs bateaux, mais il servait surtout à étanchéifier les briques et les fondations des bâtiments publics, une précaution indispensable en raison des grandes crues annuelles de l'Euphrate.

La Diffusion de la Culture d'Uruk

Le concept de nation en tant qu'entité géopolitique précise et délimitée est une conception historique qui trouve son origine dans l'Europe du XVIIe siècle et qui concerne la division du territoire dans lequel l'identité est fixée, les frontières tracées et les restrictions légales appliquées. Il faut bien comprendre que les anciens royaumes et empires mésopotamiens ne fonctionnaient pas du tout de la même manière.[60] Les frontières naturelles offertes par les rivières, les montagnes et les déserts n'étaient pas définitives, mais constituaient plutôt des zones de fortes interactions tout au long des millénaires.[61] Tout au long de l'histoire, des caravanes commerciales, des expéditions militaires et d'innombrables migrants ont franchi ces frontières depuis les contrées voisines, qui ont influé à leur façon sur la société et la culture mésopotamienne.

Les archéologues considèrent la notion de territorialité et de frontières comme une fiction pratique utilisée pour cartographier et analyser les politiques, fondée sur une représentation abstraite du territoire. En examinant la Mésopotamie antique, la notion de « territoire » et d'État a été formulée de différentes manières, et il n'existe pas de consensus définitif sur la manière dont on peut décrire les anciens « États » mésopotamiens comme celui d'Uruk. Certains prétendent qu'ils étaient organisés comme des entités territoriales relevant de l'autorité de pouvoirs publics, englobant de nombreuses communautés dans ses limites, avec un gouvernement centralisé, des armées régulières, une main-d'œuvre collective et un système fiscal.[62] D'autres adoptent une

---

[57] Leick, 2001
[58] Leick, 2001
[59] Bilkadi, Z. (1984) "Bitumen - A History." *Aramco World*, 35: 6.
[60] Wilkinson, 2000
[61] Bahrani, 1998
[62] Raaflaub, K., and Nathan R, (eds) (1999) *War and Society in the Ancient and Medieval Worlds: Asia, The Mediterranean, Europe, and Mesoamerica*. Cambridge: Center for Hellenic Studies, Harvard University. . .

perspective plus large, soutenant que les États peuvent être identifiés comme des unités politiques autonomes à travers leur système juridique ou par la mesure dans laquelle ils utilisent la coercition pour imposer leur pouvoir à la population.[63] Ces deux perspectives supposent que les États ont des limites plus ou moins connues, où les individus pensent qu'il existe un territoire délimité représentant la juridiction et le contrôle de l'État, et que les États ont un caractère organisationnel qui demeure constant dans le temps.

Cependant, l'antique Mésopotamie était composée de nombreuses sphères culturelles, linguistiques ou ethniques atomisées (qui se chevauchaient souvent). [64] Ainsi, leurs frontières étaient poreuses, perméables et flexibles. De plus, elles étaient identifiées et défendues de manière sélective par certains groupes, en fonction du contexte historique. Que nous apprennent la nature et la structure d'Uruk sur ses relations avec son environnement immédiat ainsi qu'avec les autres cités-États de la Mésopotamie ? Les archéologues ont récemment essayé de porter leur regard sur Uruk au-delà des murs de la ville et de son arrière-pays immédiat, afin de commencer à établir une compréhension régionale de l'importance des routes et de leur dynamique, pour comprendre la nature des communautés qu'elles relient.

L'expansion d'Uruk s'est faite au cours du cinquième millénaire avant notre ère, lorsque les sites du nord sont entrés en contact avec ceux du sud. En témoignent les cônes, les bulles-enveloppes et les sceaux traditionnellement associés aux sites du nord, de plus en plus utilisés dans les régions sud de la Mésopotamie.[65] La croissance de l'urbanisation a été le processus le plus important de cette période, marquant la transition d'une agriculture de subsistance à l'apparition de villes dans le sud de la Mésopotamie. Suivant le modèle établi par Uruk, d'autres cités à cette époque se sont distinguées par des caractéristiques telles que l'émergence d'une bureaucratie avec un organe de direction centralisé, une stratification sociale sous forme d'une élite militaire, religieuse ou politique, des progrès en matière d'artisanat et de spécialisation économique et l'existence de travailleurs professionnels à temps plein.[66] En outre, de nombreuses villes peuvent être identifiées par les structures monumentales et les temples érigés dans le paysage urbain, ce qui indique la présence d'une religion organisée.

---

[63] Trigger, B. G. (2003) *Understanding Early Civilizations: A Comparative Study*. New York: Cambridge University Press. .

[64] Smith, A. T. (2003) *The Political Landscape: Constellations of Authority in Early Complex Politie*s. Berkeley: University of California Press. .

[65] Bogucki, 1990

[66] Bogucki, 1990

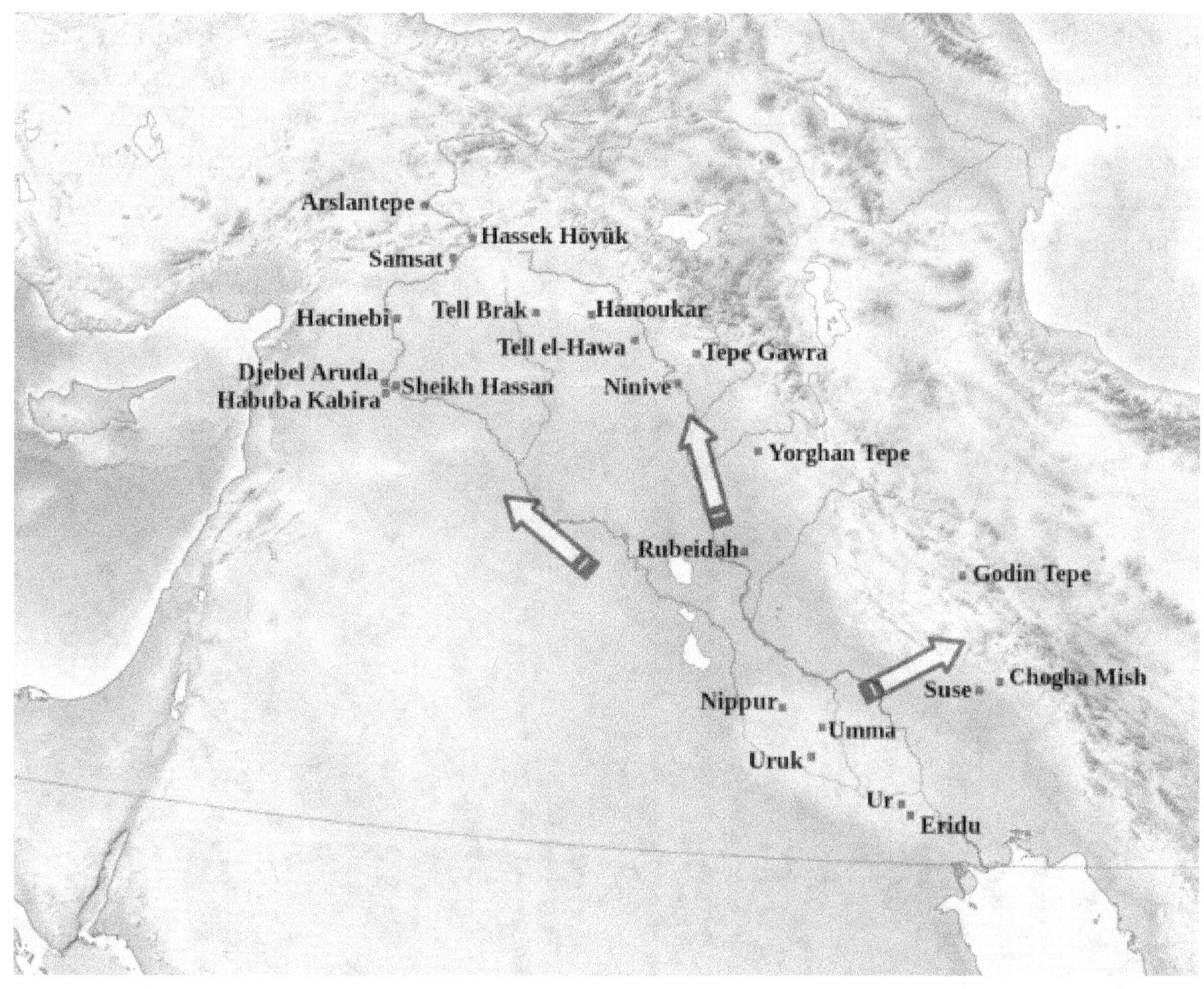

Carte illustrant l'expansion d'Uruk

Tell Brak (également connue sous le nom de Nagar ou Nawar) était une colonie du septième millénaire avant J.-C. qui est devenue l'une des plus grandes cités du nord de la Mésopotamie au cours du quatrième millénaire, avant de voir sa taille se réduire au début du troisième millénaire.[67] Le tell est entouré d'une zone surélevée avec des rigoles qui étaient utilisées pour diriger l'eau des bassins de captage hydrauliques dans le nord. Toutefois, on ignore si ces rigoles ont été aménagées dans le but de rediriger l'eau des bassins ou si elles faisaient partie d'un réseau de drainage naturel des eaux de pluie.[68]

Tell Brak a été un centre religieux dès son origine, comme en témoigne le célèbre « Temple aux yeux » consacré à Belet-Nagar. Le temple est décoré d'une mosaïque à motifs géométriques réalisée en Riemchen.[69] On trouve également à Tell Brak certains des premiers signes de la

---

[67] Bryce, T. (2009) *The Routledge Handbook of the Peoples and Places of Ancient Western Asia: The Near East from the Early Bronze Age to the Fall of the Persian Empire*. London: Routledge. .

[68] Wilkinson, T. J. (2007) Ancient Near Eastern Route Systems: From the Ground Up. *Archatlas* (http://www.archatlas.dept.shef.ac.uk/workshop/TWilkinson07.php)

[69] Ristvet, 2014

diffusion d'une production artisanale spécialisée originaire d'Uruk et d'autres sites urbains du sud de la Mésopotamie. En effet, au lieu que chaque ménage fabrique ses propres poteries, des artisans s'en chargeaient. Un artefact particulièrement fascinant provenant de Tell Brak est un calice en obsidienne fixé à un socle en marbre, des matériaux qui ont dû parcourir d'immenses distances avant d'arriver sur le site.[70] La consommation ostentatoire de tels matériaux a permis à certains individus puissants de se démarquer et de devenir plus influents. Au moment où Tell-Brak devenait un site urbain, des personnes commençaient à se distinguer socialement et très probablement politiquement.[71]

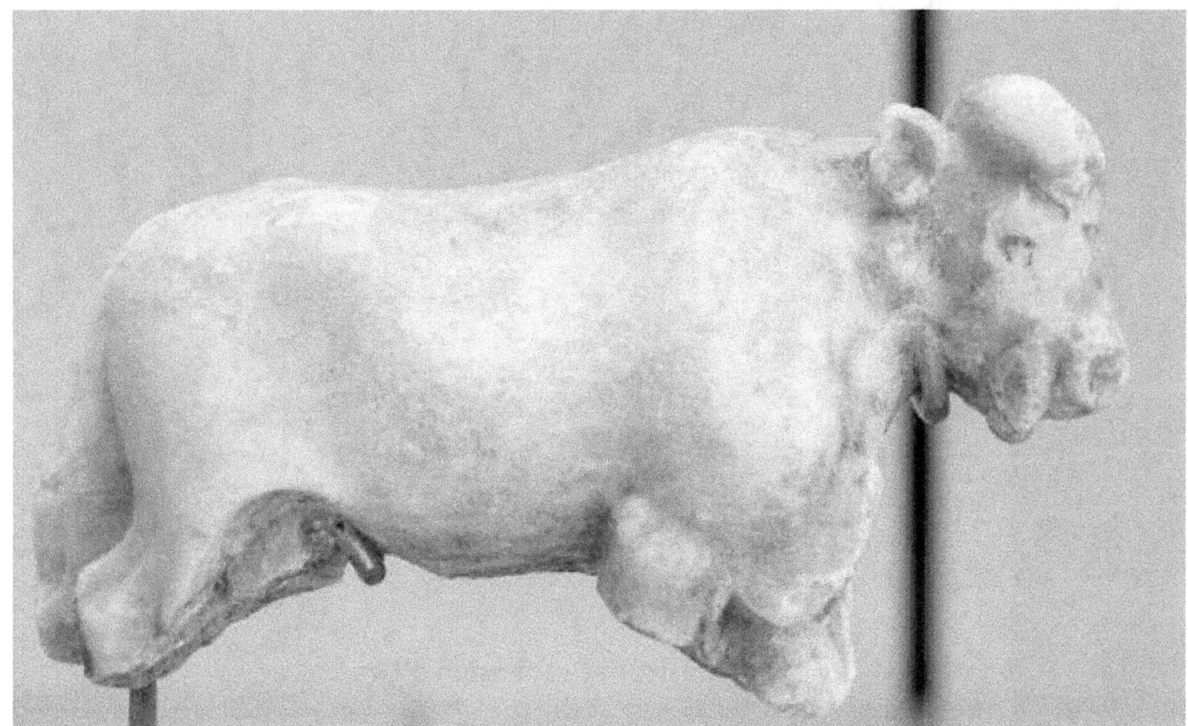

Sculpture de taureau découverte à Uruk

---

[70] Bryce, 2009
[71] Ristvet, 2014

Le masque de Warka trouvé à Uruk

L'expansion d'Uruk a été observée même très loin au-delà de la Mésopotamie. Dans la région du Haut-Euphrate, l'acropole religieuse de Tell Qannas montre des traces de briques de Riemchen, des bols à bord biseauté ont été retrouvés en Anatolie, et des mosaïques de Riemchen ont été trouvées à Samsat.[72] Les styles architecturaux des édifices de Hassek Huyuk présentent également des similitudes avec ceux du sud de la Mésopotamie.[73] La propagation des systèmes d'écriture est indiquée par les empreintes de sceaux relevées à Arslantepe, et des bols à bord biseauté ont été découverts par des archéologues à Tepecik. L'un des sites archéologiques les

---

[72] Bryce, 2009
[73] Bryce, 2009

plus importants de cette période en Anatolie est celui de Çatalhöyük, une ville d'environ mille maisons, dont près de la moitié mesuraient environ vingt-cinq mètres carrés, ce qui les destinait à accueillir une grande famille nucléaire,[74] avec une population totale estimée à environ cinq mille personnes. Les maisons étaient enduites de plâtre, et certaines étaient ornées de peintures murales élaborées et de reliefs muraux, les sanctuaires étaient décorés de crânes d'animaux. Comme chez les Sumériens, la religion semblait être une force motrice de la société.[75]

Comment la culture d'Uruk s'est-elle diffusée aussi loin à cette époque ? Quelques archéologues insistent sur le fait qu'une des façons pour le déterminer est le flux de matières précieuses entre leur lieu d'origine et les centres urbains. Par exemple, les riches ressources minérales de la bordure des hautes terres du Croissant fertile ont peut-être été un facteur clé dans la formation de réseaux commerciaux complexes, une périphérie à la recherche d'un centre.[76] L'extraction et le commerce à longue distance du lapis-lazuli d'Afghanistan, ou l'échange d'or, d'argent et de cuivre avec l'Anatolie orientale dans les plaines de Mésopotamie au quatrième millénaire avant notre ère, sont des indicateurs de zones de chalandise potentielles dans lesquelles les puissances urbaines étaient disposées à commercer pour les matériaux de luxe. Chaque jour, l'échange répétitif d'idées et de matériaux se faisait le long des pistes locales, tandis que les interactions à l'échelle macro, impliquant des matériaux de grande valeur, se déroulaient le long des grands axes routiers.[77]

Ce commerce peut également donner un aperçu de la relation entre les communautés urbaines sédentaires et leurs voisins nomades, car le réseau de voies d'accès était dirigé du sommet vers la base, en fonction des désirs des élites urbaines des basses-terres qui influençaient les activités des communautés des hautes-terres.[78] Comme de nombreuses ressources essentielles manquaient en Mésopotamie, les commerçants de l'époque devaient se déplacer loin de leurs cités-États à la recherche de marchandises, et interagir avec des intermédiaires nomades pour acquérir divers matériaux. Certains pensent que des colonies ont été ainsi établies, dans les villes d'Eurasie, par ces marchands ambulants, qui ont alors transmis des concepts techniques et des nouvelles idées.[79] Les lapis-lazuli découverts en Égypte ancienne confortent cette hypothèse, et démontrent que des routes vers l'Afghanistan depuis la région méditerranéenne existaient à cette époque. La culture d'Uruk semble s'être étendue jusqu'à l'Égypte antique à l'époque de Naqada II/Gerzean (environ 3500 - 3200 avant notre ère), comme l'indiquent les sceaux cylindriques de Tell al Fara dans le delta du Nil.[80]

---

[74] Hodder, I. (ed.) (1996) *On the Surface: Çatalhöyük 1993–95*. Cambridge: McDonald Institute for Archaeological Research and British Institute of Archaeology at Ankara. .

[75] Hodder, 1996

[76] Sherratt, A. (2004) "Trade Routes: The Growth of Urban Supply Routes 3500 BC – AD 1500." *Archatlas* (http://www.archatlas.dept.shef.ac.uk/Trade/Trade.php)

[77] Wilkinson, 2007

[78] Wilkinson, 2000

[79] Sundsdal, K. (2011) "The Uruk Expansion: Culture Contact, Ideology and Middlemen." *Norwegian Archaeological Review*, 44: 2. 164 - 185. .

[80] Wilkinson, R. H. (2000) *The Complete Temples of Ancient Egypt*. London: Thames & Hudson

Jemdet Nasr et les Premières Périodes Dynastiques

La société et la culture sumériennes ont prospéré au cours du troisième millénaire avant notre ère. Lors de la période tardive urukéenne, de nombreux sites du nord ont été abandonnés au profit de nouvelles colonies établies plus au sud, dans les environs d'Uruk, dont la taille avait doublé.[81] Cette tendance s'est poursuivie au cours des périodes de Jemdet Nasr et au début de la période dynastique, pendant qu'Uruk continuait à croître.

La période Jemdet Nasr est caractérisée par le développement d'une confédération de Cités-États au centre et au sud de la Mésopotamie. Des alliances politiques, religieuses et commerciales se sont formées entre ces États, comme l'indiquent les empreintes de sceaux retrouvées sur des tablettes qui portent le symbole d'Inanna, déesse d'Uruk. Les débuts de la période dynastique ont été marqués par une augmentation spectaculaire du nombre de sites d'implantations et de la population dans toute la Mésopotamie. C'était une période de luttes intestines constantes entre cités voisines, et une ère de fragmentation politique accompagnée d'une intégration culturelle.

Bien que les temples semblent avoir été des centres de pouvoir au cours du quatrième millénaire, le début de la période dynastique s'est aussi démarqué par un glissement vers une gouvernance plus laïque, assurée par des personnalités masculines célèbres.[82] Le culte de certaines personnalités s'est développé dans un contexte de concurrence politique intense. Ces individus puissants montraient leur supériorité et leur pouvoir à travers une « consommation ostentatoire » : approvisionnement en matières premières rares et coûteuses d'autres régions et acquisition d'objets provenant de terres lointaines pour les exposer dans les capitales culturelles, ce qui augmentait encore les échanges commerciaux.

---

[81] Rothman, 2001
[82] Rothman, 2001

Représentation archaïque d'Innana

D'autres sites, influencés par la culture urukéenne, ont prospéré pendant cette période, comme l'indiquent les sépultures du cimetière royal d'Ur qui montrent un étalage exubérant de richesses et de luxe correspondant à la consommation ostentatoire des dirigeants de leur vivant. Cette consommation ostentatoire ne se limitait pas aux objets et aux matériaux, mais aussi aux personnes, au regard des preuves de sacrifices humains.

Dans l'une des tombes, une figure royale appelée Lady Puabi a été enterrée avec de nombreuses servantes et un splendide ensemble d'objets rares et coûteux, dont la « Lyre de la Reine », dessinée en forme de taureau, dont seuls la tête et des fragments du corps ont subsisté jusqu'à nos jours.[83] La tête de taureau est sertie avec des yeux en lapis-lazuli sur une face en or. La harpe, quant à elle, est décorée de coquillages et de pierres précieuses. Pour leur dernier voyage avec la reine, les servantes sacrifiées portaient chacune un spectaculaire diadème en or et pierres précieuses, et leurs fronts étaient ornés d'un tressage de feuilles de hêtre composé de fines feuilles battues 'où se dressaient trois fleurs en or.[84] Lady Puabi a aussi été inhumée avec une magnifique coiffe composée d'or, d'argent, de lapis-lazuli, de cuivre et de cornaline, en forme de bélier scrutant à travers un bosquet.[85]

Le commerce est devenu de plus en plus important dans ce contexte de consommation effrénée, correspondant à l'expansion de sites sédentaires du sud de la Mésopotamie vers sa périphérie. Le site d'Al-Rawda a été occupé pendant la seconde moitié du troisième millénaire avant J.-C., où les relevés géomatiques ont révélé une infrastructure dense de bâtiments organisés en un réseau de rues concentriques et radiales, le tout dans une enceinte fortifiée.[86] La relation entretenue par Al-Rawda avec l'ensemble de la Mésopotamie est indiquée par cinq portes massives dans les remparts et par les nombreuses routes qui mènent à la ville.

La grandeur monumentale de ces portes et les objets exotiques découverts dans le temple central auquel mènent les routes principales, indiquent le lien très fort entre la ville et les routes commerciales du début de l'âge du bronze qui reliaient la Syrie occidentale à la vallée de l'Euphrate.[87] La découverte de coquillages provenant de la mer Méditerranée et du golfe Arabo-Persique, d'agate d'Inde, de lapis-lazuli du Badakhshan et peut-être d'albâtre égyptien, indique qu'Al-Rawda prenait une part active à cette route commerciale, en tant que lieu stratégique périphérique et destiné à exploiter les circuits commerciaux de longue distance. D'autres villes dotées d'infrastructures similaires ont été créées à cette époque, comme Mari dans la vallée de l'Euphrate et Tell Chuera au nord de la Syrie.[88] Certains ont suggéré que cet environnement urbain régulier et organisé, dans un endroit aussi marginal, pouvait servir de passerelle de communication avec les éleveurs et pour l'exploitation des ressources locales.

---

[83] de Schauensee, M. (2002) *Two Lyres from Ur*. Philadelphia: University of Philadelphia Museum of Archaeology and Anthropology

[84] de Schauensee, 2002

[85] Baadsgaard, A., Monge, J., Cox, S., and Zettler, R. L. (2012) "Bludgeoned, Burned, and Beautified: Reevaluating Mortuary Practices in the Royal Cemetery of Ur." in *Sacred killing: the archaeology of sacrifice in the ancient Near East*. Winona Lake.: Eisenbrauns. 125 - 158. .

[86] Castel and Peltenburg, 2006

[87] Wilkinson, T. J. (2000b) "Settlement and Land Use in the Zone of Uncertainty in Upper Mesopotamia." In R.M. Jas (ed.) *Rainfall and agriculture in Northern Mesopotamia: Proceedings of the Third MOS Symposium*. Leiden: Nederlands Instituut voor het Nabije Oosten. 3 - 35. .

[88] Castel and Peltenburg, 2006

La Chute d'Uruk

Après la période de fragmentation politique marquée par le début de la période dynastique, deux cents ans d'intégration régionale ont suivi. On pense que le premier roi à avoir véritablement uni Sumer fut Lugalzagesi d'Umma (2360 - 2336 avant notre ère), qui sera aussi son dernier souverain.[89] Il aurait conquis toutes les autres cités-États sumériennes, avant d'assujettir le reste de la Mésopotamie et la Syrie, mais après plusieurs décennies sur le trône, il a été renversé par Sargon d'Akkad (2340 – 2284 avant notre ère). Sargon a créé le premier empire du monde, qui s'étendait tout le long du Croissant fertile.

Des textes tels que la stèle de la Victoire de Naram-Sin en calcaire rouge (vers 2254 - 2218 av. notre ère) donnent un aperçu inestimable des événements de cette période.[90] Cette stèle a été érigée loin de la Mésopotamie, sur le site iranien de Suse. Elle représente la victoire de Naram-Sin, petit-fils de Sargon, sur le peuple Lullubi des montagnes du Zagros. On croyait que la royauté était léguée par les dieux et qu'elle pouvait être transférée d'une ville à l'autre. En décrivant sa victoire, dans sa marche à travers les pentes abruptes du territoire ennemi pour écraser ses adversaires, Naram-Sin accède à la même position élevée que les dieux et reflète ainsi l'hégémonie des Akkadiens au début du troisième millénaire.

---

[89] Crawford, 2004
[90] Crawford, 2004

Sculpture de Lugal-kisal-si roi d'Uruk

Masque supposé représenter Sargon

Stèle de la victoire de Naram-Sin

Cependant, l'empire de Sargon est rapidement devenu le théâtre de révoltes et d'invasions par des hordes de Guti, un peuple nomade des montagnes du Zagros, qui a régné dans le sud pendant un siècle environ. Finalement, ils ont eux aussi été chassés lors d'un soulèvement qui a inauguré la troisième dynastie d'Ur. Cette dynastie a été établie par le roi Ur Nammu, et sous son règne, la culture et la civilisation sumériennes ont de nouveau été florissantes.[91] La paix est revenue dans tout le pays, le système juridique a été renforcé, l'agriculture a prospéré et les villes et les temples ont été reconstruits. Cependant, au bout d'un siècle, les Amorites nomades - également appelés Sémites - ont fait voler en éclats l'Empire d'Ur III, et la langue sumérienne a été progressivement remplacée.[92]

Les siècles suivants ont été assez tumultueux, plusieurs cités-États se disputant la suprématie

---

[91] Bryce, 2009
[92] Crawford, 2004

dans le sud de la Mésopotamie. Puis, en 1750 avant J.-C., le peuple d'Uruk et les autres cités-États ont fait partie de l'empire unifié de Babylone, fondé par le roi Hammurabi. L'empire d'Hammurabi - qui comprenait la Mésopotamie, la Syrie et une partie de l'Anatolie - était très puissant.[93] Après avoir consolidé son pouvoir sur les cités-États en conflit, Hammurabi a rédigé le premier de ses codes juridiques. L'empire a maintenu son autorité pendant plus de trois cents ans.

Vers 1400 avant J.-C., un autre peuple, les Assyriens, est devenue une force prépondérante dans la région, centrée autour de la ville d'Assur. Les Assyriens avaient un avantage majeur sur le puissant empire babylonien - le cheval - qu'ils utilisèrent pour dévaster les armées babyloniennes habituées à combattre à pied. Babylone est tombée aux mains de ces conquérants, qui ont pris le contrôle de la plus grande partie de la Mésopotamie.

Sous l'effet de ces autorités successives, de nombreuses transformations ont eu lieu dans la ville d'Uruk, mais il serait faux de prétendre que la culture sumérienne précédente a simplement été « remplacée » par celles des Akkadiens et des Babyloniens. Il convient plutôt de considérer cette culture comme un hybride novateur entre ce qui existait déjà dans la ville et ce qui venait de l'extérieur de la sphère culturelle sumérienne. Par exemple, au troisième siècle avant notre ère, le quartier du temple de Reš - également connu sous le nom de quartier de Kullaba - a été ajouté au centre d'Uruk, à l'ouest de l'ancien quartier d'Eanna. Le *bīt*, appelé ainsi, était un édifice d'origine akkadienne, rendu populaire par les Babyloniens, et qui abritait probablement des réunions politiques et jouait parallèlement un rôle de temple.[94] Bien qu'il s'agisse d'une nouvelle construction, le temple de Reš d'Uruk a été construit de manière à ressembler aux temples des périodes précédentes de la ville, ce qui souligne l'importance de ces sites pour la population.

Un deuxième vaste complexe de temples a également été construit à cette époque - le temple Akītu - où les prêtres babyloniens célébraient chaque printemps des cérémonies dédiées à Anu.[95] Le temple d'Irigal était un complexe carré construit au sud du temple de Reš vers 200 avant J.-C., il servait de lieu de culte pour les dieux Ishtar et Nana.[96]

Gilgamesh est considéré par la plupart des spécialistes comme un personnage historique réel, le cinquième roi d'Uruk, qui aurait régné au cours du troisième millénaire avant notre ère.[97] Pourtant, son existence est empreinte de mythes qui, à bien des égards, reflètent l'essor et le déclin d'Uruk et de la culture sumérienne. Il était le héros des Sumériens, et les récits de ses aventures étaient célèbres dans toute la Mésopotamie, résumant l'histoire de la naissance et de la

---

[93] Bryce, 2009

[94] Ristvet, L. (2014b) "Between ritual and theatre: political performance in Seleucid Babylonia." *World Archaeology*, 46:2. 256-269

[95] Downey, S. B. (1988) *Mesopotamian Religious Architecture: Alexander Through the Parthians*. Princeton: Princeton University Press

[96] Potts, D.T. (1997) *Mesopotamian Civilization: The Material Foundations*. New York: Cornell University Press

[97] George, A. (2003) *The Babylonian Gilgamesh Epic - Introduction, Critical Edition and Cuneiform Texts*. Oxford: Oxford University Press. .

chute de la civilisation sumérienne.

Gilgamesh était un roi juste et un grand bâtisseur qui a également défié les dieux. Il apprivoisa des tribus sauvages et se rendit dans la lointaine forêt des Cèdres - considérée comme la demeure des dieux - pour affronter Humbaba, le monstre cracheur de feu. Au cours de leur combat, Gilgamesh lui trancha la tête et la ramena avec lui en triomphe à Uruk. Pour le punir, la déesse Inanna envoya un taureau céleste pour détruire la ville. Le taureau assécha les pâturages et les rivières du pays, et ouvrit de profondes crevasses au sol dans lesquelles les gens tombèrent.

La chute soudaine des empires antiques du Proche-Orient n'est pas sans précédent. Les royaumes, les dynasties et les empires finissent tous par tomber, et les peuples du Proche-Orient ont dû s'habituer psychologiquement au fait que les structures et les fondations de leur mode de vie s'effondrent. Après avoir régné sur la Mésopotamie pendant trois mille ans, la civilisation sumérienne, attaquée de toutes parts, s'est effondrée. Le faste de ses cités était révolu, de même que son influence sur le territoire. Les canaux d'irrigation à Uruk se sont progressivement asséchés, les murs des maisons et des temples se sont effondrés sous l'assaut combiné du soleil, de la pluie et du vent, et l'argile des briques s'est transformée en poussière, ne laissant au-dessus des dunes qu'une masse informe, dernier vestige de la grandeur d'une civilisation.

On ne sait toujours pas comment les Sumériens ont pu complètement disparaître. Des habitudes de consommation ostentatoires et la recherche de ressources auraient pu provoquer leur déclin. Vers 1200 avant notre ère, l'humanité a découvert les avantages du fer : il était plus facile à travailler, plus solide et avait plus de débouchés que le cuivre que les Sumériens utilisaient auparavant. Le problème est que la Mésopotamie ne possédait que très peu de minerai de fer et qu'elle devait étendre ses routes commerciales très loin pour obtenir ce précieux matériau. Bien sûr, ils ne pouvaient pas concurrencer les régions qui avaient un accès plus facile au minerai de fer, et ce sont ces populations qui ont finalement pris une place beaucoup plus importante dans la région.

Le climat a probablement joué aussi un grand rôle dans le déclin et la chute d'Uruk. Malgré leur ingéniosité, les agriculteurs et les souverains étaient incapables d'empêcher la diminution des ressources. Le système d'irrigation a rendu le peuple d'Uruk puissant, mais il a également contribué à sa destruction. Uruk a été construite à l'origine sur la rive sud-ouest de l'Euphrate, mais le fleuve s'est déplacé au fil du temps, et aujourd'hui, la ville en ruine est située beaucoup plus loin au nord-est du fleuve. Les constructions en Adobe de la ville n'auraient pas résisté aux inondations causées par l'empiètement du fleuve. En outre, les colonies satellites et les fermes entourant la ville, qui fournissaient la population en céréales, ont connu des difficultés supplémentaires en raison de la désertification des terres.

Après trois mille ans d'évaporation des eaux d'irrigation, le sel enfoui dans les profondeurs de la terre est remonté à la surface. Finalement, les champs entourant Uruk ont été recouverts d'une croûte blanche de sel, brûlée par le soleil. Le blé ne pouvait plus pousser dans ce sol stérile. Les populations locales sont encore aujourd'hui confrontées à ce problème - dans certaines régions, la terre ressemble à un désert fissuré et non cultivable, malgré le fait que cette région était autrefois connue sous le nom de Croissant fertile.

Face au changement climatique et à la désertification, les agriculteurs ne trouvèrent aucune solution et la ville affaiblie ne put faire face à la concurrence économique des grandes cités du reste de la Mésopotamie. Au VIIIe siècle avant J.-C., Uruk était une ville morte. Les Babyloniens sont tombés aux mains des Assyriens à peu près à la même époque, et bien que les Babyloniens aient finalement réussi à regagner leur indépendance face à l'Assyrie au VIIe siècle, ils n'avaient plus rien à faire des terres stériles du sud de la Mésopotamie. Sous un soleil impitoyable, la ville d'Uruk est alors redevenue poussière.

Recherches Archéologiques

Dans les années 1850, lorsque les archéologues se sont rendus pour la première fois en Irak, ils étaient à la recherche du passé biblique de la région. Au milieu du XIXe siècle, tout ce que l'on savait de l'antique Mésopotamie était ce que l'on pouvait y lire dans l'Ancien Testament. Les archéologues français et britanniques ont rivalisé pour découvrir tout ce qu'ils pouvaient de ces terres semi-mythologiques, concentrant ainsi leurs efforts sur le site de Babylone pour y trouver en fin de compte les vestiges de civilisations beaucoup plus anciennes. Ils ont ainsi mis au jour une civilisation insoupçonnée, enfouie sous les sables, mais qu'y avait-il de si particulier dans ce qu'ils ont trouvé, et pourquoi une civilisation s'est-elle développée dans cette partie du monde ? Telles étaient les questions posées par les premiers chercheurs de Mésopotamie.

Les premiers archéologues à avoir vu les ruines d'Uruk ont dû rester bouche bée, car devant eux s'étendait un paysage confus de rues étroites, de places et de ruines de maisons, de greniers et de temples. Aujourd'hui, la terre autour d'Uruk est un désert aride, à plusieurs kilomètres des rivières les plus proches, de sorte qu'il est difficile de l'imaginer comme une ville autrefois prospère où ses habitants vivaient de la terre. Lorsqu'ils ont trouvé les ruines de barrages sumériens dans ce territoire aride, les archéologues du XIXe siècle se sont heurtés à une énigme, celle de savoir comment des gens ont pu vivre dans ce désert, si loin de toute source d'eau fraîche.

Finalement, il est apparu qu'Uruk avait évolué dans un paysage très différent de celui qui existe aujourd'hui. À 250 km au sud de Bagdad et à 160 km au nord d'Uruk, se trouve la ville désertique de Nippur, dont le temple en ruine s'élève au-dessus des dunes de sable. C'est lors des fouilles de ce site que les archéologues ont découvert pour la première fois à quel point le paysage historique avait changé au fil du temps. Ils y ont trouvé une tablette d'argile représentant une carte de Nippur, avec l'emplacement exact du temple, des remparts de la ville et du fleuve Euphrate, incluant un canal qui avait été détourné pour alimenter la ville en eau.[98] La ville avait

---

[98] McCown, D. E. (1952) "Excavations at Nippur, 1948–50." *Journal of Near Eastern Studies*, 11:3. 169 – 176. .

donc été construite au bord de l'eau, mais les changements de relief et la violence des inondations annuelles avaient modifié le cours du fleuve au fil du temps.

Les premières fouilles à Uruk ont été réalisées sous la direction de William Loftus, un explorateur britannique, entre 1850 et 1854. Des fouilles plus intensives ont eu lieu au début des années 1910 par la Société orientale allemande, dirigée par Julius Jordan. C'est à cette époque que le temple de Reš a été découvert, ainsi que les murs de Gilgamesh. Les archéologues allemands sont retournés dans le sud de l'Irak à de nombreuses reprises avant et après la Seconde Guerre mondiale, mais en faisant des tranchées, une technique de fouille typique de cette période précoce de l'archéologie, et ils ont causé beaucoup de dégâts sur le site. Ils ont ainsi raté une grande partie des précieuses informations qui auraient pu être fournies par une étude minutieuse des relations stratigraphiques des nombreuses couches du tell. Les méthodes modernes de l'Institut archéologique allemand, qui a entrepris des fouilles à Uruk depuis le début du 21e siècle, ont été beaucoup moins préjudiciables et plus instructives. En utilisant des études géophysiques parallèlement à des fouilles limitées, c'est principalement à partir de ces recherches que la plupart des connaissances sur la ville ont été révélées.[99]

---

[99] van Ess, M. and Fassbinder, J. (2005) "Magnetic prospection of Uruk (Warka) Iraq." *La Prospection Géophysique: Dossiers d'Archeologie*, 308. 20–25

Loftus

Les artefacts uniques offrent une source d'information très peu détaillée. Heureusement pour les archéologues, les habitants de la Mésopotamie n'avaient pas d'horaires ni de lieux réguliers pour se débarrasser de leurs déchets ménagers. Au lieu de cela, ils les jetaient simplement dans les rues de la ville, laissant ainsi d'énormes quantités de débris à la disposition des archéologues pour qu'ils les fouillent et les étudient, très près des endroits de leur utilisation. La répartition des poteries en surface a été analysée pour indiquer où les gens ont pu vivre dans le passé. Il existe également une multitude de sources textuelles offrant des perspectives historiques uniques sur la vie contemporaine à Uruk. Tout comme les débris de céramique, qui sont généralement situés dans les villes d'où ils proviennent, car les envahisseurs préféraient emporter des objets précieux en or ou en argent à la place. Le cunéiforme était utilisé pour de nombreuses langues et lorsque les tablettes étaient cuites, les écrits étaient bien conservés. Des inscriptions et des gravures sur des matériaux périssables ont peut-être aussi existé, mais elles n'ont pas subsisté.

Au fil du temps, l'attention des archéologues de la région s'est détournée de son orientation traditionnelle axée sur les éléments temporels pour se concentrer sur les analyses détaillées des relations stratigraphiques afin de révéler des séquences chronologiques d'événements sur une petite zone. La prospection, à la fois intensive et extensive, est devenue la méthode prédominante utilisée pour explorer l'ensemble de la région. En considérant les caractéristiques horizontales et spatiales du paysage, les archéologues ont pu obtenir une image neuve et passionnante du passé. Alors que les photographies aériennes se sont avérées d'une utilité limitée au Proche-Orient, n'ayant jamais été faites de manière systématique, les archéologues ont, au cours des dernières décennies, utilisé l'imagerie satellite, comme les images déclassifiées du satellite CORONA et le récent logiciel Quickbird. Les images et les fouilles CORONA se sont avérées très efficaces pour l'étude des routes commerciales antiques en particulier. Bien qu'elles soient trop anciennes pour être utilisées à des fins de renseignement, elles fournissent aux archéologues des images prises de manière systématique dans les années 1960 et 1970, ce qui permet de conserver une image du paysage d'époque.[100] Ceci est particulièrement important en raison des effets du développement et de la modernisation de la région, car le paysage actuel a été considérablement modifié par l'expansion des villes et de l'agriculture intensive et motorisée, comme en témoigne, par exemple, la ville de Tell Brak dans le bassin du Khabour.[101]

La découverte de la civilisation mésopotamienne a été exceptionnelle, car elle a permis aux chercheurs de se rendre compte progressivement qu'une société extrêmement diverse et très développée, complexe, existait autrefois dans un monde dont ils n'avaient pas conscience en dehors de ce qui était décrit dans la Bible. Beaucoup de gens croyaient que la civilisation avait commencé avec les Grecs, mais ce que les archéologues ont découvert dans les sables d'Irak est la preuve que quelque chose existait bien avant ces derniers, et a influencé le développement de la civilisation classique.

Plusieurs textes contemporains font référence au tempérament sumérien. Connaissant les nombreux dangers de la nature, il n'est pas étonnant qu'ils soient décrits comme conscients de la brièveté et de la fragilité de la vie. Les travaux de construction qu'ils ont entrepris et les bas-reliefs qu'ils ont laissés (certains dessins montrent des hommes se détendant et/ou buvant de la bière dans de grands récipients à l'aide de pailles), indiquent l'immense réussite d'un peuple qui vivait dans un environnement terriblement hostile, mais qui lui a inspiré ses plus beaux mythes.

C'est leur histoire que la Bible raconte. Comme les bâtisseurs de la tour de Babel, les hommes et les femmes d'Uruk ont fini par être dispersés partout sur la terre. L'eau, que la ville craignait et sur laquelle elle comptait, a entraîné sa propre destruction. Et après avoir maîtrisé les crues de

---

[100] Ur, J. (2003) "CORONA Satellite Photography and Ancient Road Networks: A Northern Mesopotamian Case Study." *Antiquity* 77: 102-115

[101] Ur, J. (2007)" Agricultural and Pastoral Landscapes in the Near East: Case Studies using CORONA Satellite Photography." *ArchAtlas* (http://www.archatlas.dept.shef.ac.uk/workshop/Ur07.php)

l'Euphrate pendant des milliers d'années, les habitants d'Uruk ont finalement été emportés par l'histoire.

Pendant très longtemps, on ne savait pas grand-chose de la vie à Uruk, mais dans le désert aride qui entoure le site, on a retrouvé les traces d'un ancien temps. Peut-on vraiment parler du déclin, et encore plus de la disparition, d'une civilisation ? À bien des égards, parler du « déclin » des Sumériens est incorrect. Leur civilisation a atteint son apogée après avoir réalisé beaucoup de choses merveilleuses et donné naissance à de remarquables individus, et leurs inventions, philosophies et histoires n'ont jamais disparu. Au contraire, leur culture a été transmise à travers les âges, d'abord en l'Anatolie par les Grecs et les Perses, puis dans tout le monde méditerranéen. Le monde classique a, quant à lui, hérité des réalisations de la civilisation mésopotamienne sans en connaître les origines. Finalement, les habitants d'Uruk ont laissé en héritage à l'humanité leurs richesses, les traces de leur génie créatif et un certain sens de l'extraordinaire fragilité des civilisations.

Ressources en ligne

Autres livres sur l'Antiquité par Charles River Editors

Autres livres sur les Sumériens sur Amazon

D'autres livres sur Ur sur Amazon

D'autres livres sur Uruk sur Amazon

Bibliographie

Baker, H.D. "The Urban Landscape in First Millennium BC Babylonia". University of Vienna.

Beaulieu, Paul-Alain (2003). The Pantheon of Uruk During the Neo-Babylonian Period. BRILL. p. 424. ISBN 90-04-13024-1.

Charvát, Petr; Zainab Bahrani; Marc Van de Mieroop (2002). Mesopotamia Before History. London: Routledge. p. 281. ISBN 0-415-25104-4.

Crawford, Harriet E. W. (2004). Sumer and the Sumerians. Cambridge University Press. p. 252. ISBN 0-521-53338-4.

Fassbinder, Jörg W. E.; Becker, Helmut; van Ess, Margarete (2003). "Magnetometry at Uruk (Iraq): the city of king Gilgamesh". Geophysical Research Abstracts. European Geophysical Society. 5 (9152): 1. Bibcode:2003EAEJA.....9152F. Retrieved 2009. Check date values in: |access-date= (help)

Harmansah, Ömür (2007-12-03). "The Archaeology of Mesopotamia: Ceremonial centers, urbanization and state formation in Southern Mesopotamia". Retrieved 2011-08-28.

Oppenheim, A. Leo; Erica Reiner (1977). Ancient Mesopotamia: Portrait of a Dead Civilization. Chicago: University of Chicago Press. p. 445. ISBN 0-226-63187-7

Chisholm, Hugh, ed. (1911). "Erech". Encyclopædia Britannica. 9 (11th ed.). Cambridge University Press. pp. 734–735.

Green, MW (1984). "The Uruk Lament". Journal of the American Oriental Society. 104 (2): 253–279. doi:10.2307/602171. JSTOR 602171.

Kuhrt, Amélie (1995). The Ancient Near East. London: Routledge. p. 782. ISBN 0-415-16763-9.

Liverani, Mario; Zainab Bahrani; Marc Van de Mieroop (2006). Uruk: The First City. London: Equinox Publishing. p. 97. ISBN 1-84553-191-4.

Lloyd, Seton (1955). Foundations in the Dust. New York, New York: Penguin Books. p. 217. ISBN 0-500-05038-4.

Postgate, J.N. (1994). Early Mesopotamia, Society and Economy at the Dawn of History. New York, New York: Routledge Publishing. p. 367. ISBN 0-415-00843-3.

Rothman, Mitchell S. (2001). Uruk, Mesopotamia & Its Neighbors. Santa Fe: School of American Research Press. p. 556. ISBN 1-930618-03-4.

Vos, Howard F. (1977). Archaeology in Bible Lands. Chicago, Illinois: Moody Press. p. 399. ISBN 978-0-8024-0293-6.